大智知止，
小智惟谋

钟雪莹 著

中国商业出版社

图书在版编目（CIP）数据

大智知止，小智惟谋 / 钟雪莹著. -- 北京：中国商业出版社，2025. 1. -- ISBN 978-7-5208-3308-0

Ⅰ. F202

中国国家版本馆CIP数据核字第2025YS0245号

责任编辑：郑　静
策划编辑：刘万庆

中国商业出版社出版发行
（www.zgsycb.com　100053　北京广安门内报国寺1号）
总编室：010-63180647　　编辑室：010-83118925
发行部：010-83120835/8286
新华书店经销
三河市京兰印务有限公司印刷
＊
710毫米×1000毫米　16开　10印张　120千字
2025年1月第1版　2025年1月第1次印刷
定价：39.80元
＊＊＊＊
（如有印装质量问题可更换）

目 录 CONTENTS

第一章　大智知止的哲学基础

王通与《止学》　　　　　　　　　　　　/002
道家思想与"知止"之道　　　　　　　　/005
适可而止的自然法则　　　　　　　　　　/008
"知止"与现代生活的关联　　　　　　　/011

第二章　智慧与权力的边界

智极则愚：智慧的反面　　　　　　　　　/016
权力的"双刃剑"　　　　　　　　　　　/018
"知止"在正确运用权力中的意义　　　　/021
古代权力案例分析　　　　　　　　　　　/024

第三章　欲望的陷阱

欲望的本质与危害　　　　　　　　　　　/028
适可而止：制约欲望　　　　　　　　　　/031
现代社会中的欲望困境　　　　　　　　　/034
现代商战中的欲望管理　　　　　　　　　/037

第四章　商战中的"知止"策略

适可而止的商战哲学　/042
商业博弈中的"知止"　/046
现代企业的战略调整　/049
案例分析：成功的"知止"策略　/052

第五章　智谋与谋略

"小智惟谋"的定义与危害　/060
谋略的历史与发展　/063
现代经营中的谋略应用　/067
案例分析：大智知止与小智惟谋的对比　/070

第六章　经营学中的博弈论

博弈论的基本概念　/076
博弈论在经营中的应用　/080
"知止"与博弈论的结合　/084
案例分析：博弈中的"知止"之道　/087

第七章　成功人士的"知止"实践

曾国藩的"知止"哲学　/092
李嘉诚的经营智慧　/095
现代企业家的"知止"之道　/098
成功企业家的"知止"来源与传承　/102

第八章 商业决策中的"知止"艺术

决策的核心要素 /108
"知止"在决策中的作用 /112
决策失败的案例与反思 /115
"知止"策略的实施：以 T 集团的市场扩展决策为例 /118

第九章 竞争中的平衡与取舍

商业竞争的本质 /124
平衡与取舍的智慧 /128
竞争中的"知止"策略 /131
案例分析：平衡取舍的成功实例 /134

第十章 商战中的伦理与道德

商业伦理的基本原则 /138
"知止"与商业道德 /141
商战中的道德困境 /145
"知止"策略在伦理中的应用 /149

第一章

大智知止的哲学基础

# 王通与《止学》

现代商业世界竞争激烈，许多企业家和经理人面临着不断扩张与稳健发展的抉择。著名电商公司的 CEO 程先生就曾分享过，他在面对是否进入一个全新的市场时，陷入了深深的困惑。这个市场潜力巨大，但风险同样不容忽视。公司的董事会意见不一，有人主张大胆进取，有人建议谨慎观望。此时，程先生突然想起了他曾在一次商业研讨会上听到的一句话："大智知止，小智惟谋。"他意识到，这句话背后的哲学或许可以帮助他做出明智的决策。

这句话出自隋朝大儒王通的著作《止学》。《止学》是一部结合道家思想和实际人生经验的经典之作，被后世誉为关于胜败荣辱的绝学。王通，号文中子，生活在隋末唐初的动荡时期，他的弟子如魏徵、李靖、徐世勣、房玄龄等，都是唐太宗开国时期的重要人物。

《止学》主张"知止"，强调在追求目标的过程中要懂得适可而止，避免过度。这一思想源自道家的"无为而治"，倡导人们顺应自然规律的同时，要懂得在适当的时候停下来，避免因贪欲过度而招致失败。"知足者常乐，知止者长存"，这正是《止学》的核心理念。

王通认为，世间万物皆有其限度，超越这个限度就会导致灾难。比如

"月满则亏,水满则溢",这是自然界的规律,人类的行为也遵循这一法则。过度的聪明反而会带来愚蠢的结果,正如《止学》中所言:"智极则愚也。"大智慧的人知道适可而止,小聪明的人则不停地谋划,最终反而容易陷入困境。

王通通过《止学》向世人传达了一种平衡的智慧,这种智慧不仅在政治和军事领域有着深远的影响,在个人生活和商业活动中也同样适用。历史上,许多成功人士都从《止学》中汲取了智慧。曾国藩通过实践《止学》的教诲成功地在动荡的局势中保持了自己的平衡与稳定。他常说,"做事要有分寸,知止而后安"。正是这一理念帮助曾国藩在复杂的政治斗争中游刃有余,最终成就了他在历史上的地位。

不仅是曾国藩,现代商业巨子李嘉诚也深受《止学》的影响。他在商战中的每一个决策,都体现了"知止"的智慧。李嘉诚常说:"做生意要有退有进,懂得在合适的时候收手,才能在市场中立于不败之地。"通过对《止学》的学习,李嘉诚理解了适度的重要性,避免了因过度扩张而导致的危机。

王通在《止学》中通过生动的故事和案例,教导人们在面对诱惑和压力时,如何保持冷静和理智,从而避免陷入"人生的沼泽地"。

在现代社会中,《止学》依然具有重要的现实意义。许多企业家在追求成功的过程中,因为不"知止",致使自身陷入万劫不复的危机。正如《止学》中所说的:"天贵于时,人贵于明,动之有戒也。"只有在适度的范围内运作,才能保证企业行稳致远,基业长青。

在个人生活中,"知止"的智慧同样不可或缺。现在的人面临着各种各样的诱惑,物质的追求、名利的争夺,往往会让人迷失方向。懂得在合适的时候停下来,审视自己的内心,才能找到真正的幸福。《淮南子·主术训》中的名言"非澹薄无以明德,非宁静无以致远"正是对"知止"这一哲学理念的最好诠释。通过修身养性，保持内心的宁静，我们才能在纷繁复杂的环境中保持一份难得的清醒和智慧。

"知止"，不仅仅是个人修身的哲学，更是处理人际关系、应对复杂社会的智慧。唯有"知止"，我们才可以在纷繁复杂的世界中找到内心的平衡，从而获得真正的成功与幸福。

 # 道家思想与"知止"之道

道家思想的核心理念之一是"道法自然"。老子在《道德经》中提出:"人法地,地法天,天法道,道法自然。"这句话的意思是,人应该效法大地,大地效法天空,天空效法道,而道效法自然。道家认为,宇宙万物自有其运转规律,任何违背自然规律的行为都会产生不良后果。王通在《止学》中也阐述了这一理念,强调人在面对各种抉择时,应当尊重自然法则,适可而止,避免过度行为带来的负面影响。

在智慧的运用上,《止学》提出了"智极则愚也"的观点,即过于聪明就是愚蠢。这一观点揭示了智慧的限度问题。大智慧的人知道何时该停止,而不是一味地追求聪明才智的展示。例如,三国时期的杨修,他才华横溢、聪明过人,屡次猜出曹操心思,如解"活"字为门太阔、"一合酥"为"一人一口酥"。但他过度显露聪明,在曹操与刘备争汉中时,因猜中"鸡肋"口令而收拾行装,曹操本就对其过度聪明不满,此次忍无可忍,以扰乱军心之罪将杨修处死。杨修本有着令人艳羡的聪明才智,却因不懂得收敛,过度炫耀自己的智慧才能,最终落得个悲惨结局,可谓过于聪明反成愚蠢。

因此,王通强调,在智慧的运用上,应当理解道家所言的"知止"之

道，做到适可而止，懂得节制。懂得智慧不可滥用，知晓何时该停下脚步，避免因过度运用而陷入困境。

在权力的掌控上，王通指出："势莫加君子，德休与小人。"势力不要施加给君子，仁德不能给予小人。正如刚正不阿的魏徵，辅佐唐太宗不畏权势、直言进谏、坚守原则，他的"势莫加君子"体现在不被权势左右，坚守自己的原则和信念，为了正义和真理不惜与皇帝据理力争，最终成就了"贞观之治"。而小人李林甫，阿谀奉承、排除异己、结党营私，他的种种恶行使得唐朝政治日益腐败，为安史之乱埋下隐患。所以小人一旦得势，道德便会被抛之脑后，给国家和人民带来巨大的灾难。事例表明，在权力的使用上，"知止"的智慧尤为重要。无论是位高权重的领导者，还是普通的公职人员，都应该时刻牢记权力的边界，以"知止"的智慧约束自己，让权力真正服务于人民，推动国家的长治久安和繁荣发展。

在对欲望的管理上，懂"知止"也极其重要。欲望是人类行为的驱动力，但无限制地追求欲望则会带来毁灭。在家庭生活中，"知止"的智慧也能发挥重要作用。家庭成员之间的相处需要理解和包容，但也需要适时让步和退让。夫妻之间的关系，亲子之间的互动，亦是如此。过度控制和干涉，不仅会引发矛盾和冲突，也会破坏家庭的和谐氛围。相反，懂得适时让步和退让，才能维持家庭的和谐与美满。古人云"家和万事兴"，家庭成员之间若能运用"知止"的智慧，必能建立一个温馨和谐的家庭。

在商业竞争中，"知止"的策略是企业"小心驶得万年船"的重要法宝。企业家需要在追求利益的同时，保持对市场变化的敏锐洞察和适时止损的智慧。过度扩张和盲目投资往往会导致企业陷入财务危机。成功的企业家李嘉诚，正是懂得谨慎的投资和适时的撤退，才能在商海中屹立不倒。李嘉诚在商业上的成功，很大程度上正是得益于他在关键时刻能够做到适可而止，及时调整战略，避免造成不可挽回的损失。

在经营学和博弈论中，"知止"同样是重要的理论基础。博弈论中的"纳什均衡"强调在博弈过程中，各方应找到一个平衡点，而不是一味地追求自身的最大利益。企业在市场竞争中，若能运用"知止"的智慧，找到自身发展与市场需求的平衡点，必能在激烈的竞争中获得优势。

《止学》所传达的"知止"理念，不仅是古代哲学的精华，更是现代社会中不可或缺的智慧指南。无论是在个人生活、家庭关系、职场竞争还是商业决策中，"知止"的智慧都能帮助我们找到内心的平和与成功之道。

 # 适可而止的自然法则

在自然界中，万事万物都有其固有的规律和限度，这些规律和限度构成了自然法则。古人对这些法则进行了深入的观察和总结，发现"适可而止"是一种普遍存在的现象。正如《止学》所强调的"知止"，过度追求某种状态往往会走向其反面。在这一节中，我们将进一步探讨适可而止的自然法则，以及这些法则如何影响我们的人生选择和行为模式。

首先，自然界中充满了平衡与和谐的现象。例如，食草动物以植物为食，食肉动物以食草动物为食，而它们的排泄物又为植物提供养分。如果过度捕杀食肉动物，食草动物数量可能就会急剧增加，导致植物被过度啃食，破坏生态平衡。水在自然界中是不断循环的，包括蒸发、降水、径流等过程。这种循环维持着地球上的水资源平衡。如果过度开采地下水或破坏森林导致水土流失，就会影响水循环，引发干旱、洪水等灾害。这些现象足以表明，过度追求某种极端状态必定会打破这种平衡，从而引发一系列不可预见的后果。现代生态学研究也表明，生物多样性的减少和生态系统的退化常常是人类活动过度干预自然的后果。

其次，在个人健康和生活方式上，"适可而止"的自然法则同样适用。现代医学研究发现，适度的运动和合理的饮食对于维持身体健康至关重要。

过度的运动可能导致身体机能受损，过度的饮食则会引发肥胖和各种慢性疾病。相反地，适度的生活方式能够促进身心健康，提高生活质量。

在心理健康方面，"适可而止"同样重要。过度追求物质享受和名利地位，往往会使人陷入焦虑、抑郁等负面情绪。而适度地追求向往的目标，保持内心的平静和满足则会带来真正的幸福感和满足感。

在社会关系中，"适可而止"的自然法则同样具有指导意义。与人交往时，过度地索取和依赖他人，往往会破坏双方的关系，从而引发矛盾甚至产生肢体上的冲突。而适度地给予和接受，保持相互尊重和独立，则能够建立稳定和谐的人际关系。这种平衡的社会关系，于个人成长和社会发展都具有重要意义，是推动个人不断前行、社会持续进步的关键力量。

在经济活动中，"适可而止"的自然法则同样具有深刻的启示。过度追求经济增长和物质财富，往往会导致资源的过度消耗和环境的破坏。这种"竭泽而渔"的行为方式不仅无法持久，还会给未来带来严重的后果。而适度发展经济，注重可持续发展和环境保护，则能够实现经济繁荣和生态平衡的共赢。

在教育和学术研究中，"适可而止"的自然法则同样具有重要意义。过度追求学术成果和职称晋升，往往会导致学术浮躁和功利心态的产生。而适度地追求学术目标，注重学术质量和原创性，则能够推动学术进步和创新发展。

此外，"适可而止"的自然法则还在文化艺术领域具有广泛应用。在艺术创作中，过度追求形式和技巧往往会使作品失去灵魂和内涵；而适度地运用形式和技巧，注重表达内心真实情感和思想深度，便能够创作出具有感染力和生命力的作品。这种注重平衡的艺术创作方式能够丰富人们的精神世界和文化生活。

在科技发展中,"适可而止"的自然法则同样重要。科技的进步为人类带来了极大的便利和福祉,但过度依赖科技也可能导致人类失去自主思考和创新的能力。因此,在科技发展中需要适度地平衡科技与人性的关系,注重培养人类的科技素养和创新能力,实现科技与人文的和谐发展。

"适可而止"的自然法则告诉我们,在追求某种目标或状态时需要保持适度和平衡,然而,在现实生活中,我们常常面临着各种诱惑和挑战,很难做到适可而止。因此,我们需要加强自我约束和自我管理的能力。同时,我们也需要加强社会监督和舆论引导,营造一种适度、平衡、和谐的社会氛围和文化环境。

 ## "知止"与现代生活的关联

面对日新月异的科技发展和激烈的市场竞争，个人和企业必须学会在适当的时候收手，才能在变化中保持稳定和持续发展。例如，苹果公司的创始人乔布斯，他在产品设计和市场策略上始终坚持简洁和适度的原则，避免掉进过度追求功能和复杂性的陷阱，这使得苹果公司在激烈的市场竞争中脱颖而出。

再如投资大师沃伦·巴菲特。他在投资过程中始终遵循价值投资的原则，避免盲目跟风和过度追求短期利益。巴菲特懂得长远思考的大智慧，在适当的时候果断退出市场，从而避免了许多投资陷阱和市场过热带来的风险。巴菲特的投资哲学，正是"知止"智慧在现代金融领域的成功应用。

在家庭关系中，"知止"的智慧能够帮助家庭成员之间保持和谐与理解。现代社会中，家庭成员之间的关系常常因为生活节奏快、压力大而变得紧张。

在职场发展中，"知止"的智慧不仅体现了个人的智慧和修养，也有助于构建和谐的工作环境。职场竞争激烈，许多人为了追求升职加薪，往往不择手段，甚至损害他人的利益。然而，这种行为不仅会破坏团队的和谐，还有可能会导致个人职业生涯的失败。相反，懂得在适当的时候退一步，

给他人机会，往往会赢得同事的尊重和支持。

例如，在项目管理中，过度追求完美和不断增加项目需求可能导致项目范围的失控和资源的浪费。项目经理若能运用"知止"的智慧，合理控制项目范围，适时停止对不必要需求的追逐，不仅能保证项目按时完成，还能提高团队的工作效率和满意度。同样，职场中的领导者也需要在权力使用上做到适可而止，学会分权和授权，提升团队的凝聚力和创造力。

此外，在个人健康管理上，"知止"的智慧也不可忽视。现代人生活节奏快，工作压力大，许多人为了追求事业成功，往往忽视了身体的健康和心理的平衡。过度的工作和缺乏休息，不仅会导致身体的疲惫和疾病，还会引发心理问题。懂得适时休息和放松，保持身心的平衡，才能拥有长久的健康和活力。

例如，现代医学研究发现，适度的运动和合理的饮食对于保持健康至关重要。过度的运动可能导致身体损伤，而过度的饮食则会引发肥胖和各种慢性疾病。相反，适度的生活方式则能够促进身心健康，提高生活质量。同样地，在精神层面上，过度的压力和紧张情绪会导致心理问题，而适度的放松和休息则有助于保持心理平衡从而提高工作效率。

在学术研究中，"知止"的智慧同样适用。学术研究需要不断探索和创新，但也需要在适当的时候停止追求不切实际的目标。过度的研究和无休止的实验，可能会导致资源和时间的浪费，甚至引发学术不端的行为。学者若能运用"知止"的智慧，在研究过程中合理设定目标，适时调整方向，不仅能提高研究效率，还能提升研究成果的科学性和可靠性。

例如，科学家在研究新药物时，必须在药物的安全性和有效性之间找到平衡。过度追求药物的效果，可能忽视其潜在的副作用。而过度强调安全性，又可能限制药物的治疗效果。通过"知止"的智慧，科学家能够在药物研发过程中合理把控风险，确保药物的安全性和有效性，从而为患者带来更好的治疗效果。

在艺术创作中，"知止"的智慧也不可或缺。艺术创作需要灵感和激情，但也需要适度的节制和反思。过度的创作和不断的修改，可能导致作品失去原有的灵动和魅力。若艺术家能在创作过程中运用"知止"的智慧，保持适度的节制，适时停笔，不仅能在作品中展现出更深层次的思想和情感，还能保留作品的原创性和独特性。

例如，绘画大师凡·高在创作《星空》时，尽管其内心充满激情和创造力，但他在绘画过程中始终能控制自己澎湃的情感，通过适度的节制，将情感和技法完美结合，最终创作出了这幅不朽的艺术杰作。凡·高的创作过程，正是"知止"智慧在艺术领域的生动体现。

通过学习和实践道家思想中的"知止"之道，我们不仅能够提升自身的修养和智慧，还能为社会的和谐与进步贡献力量。在这个充满变革和挑战的时代，"知止"的智慧将成为我们应对未来的宝贵财富。

第二章

智慧与权力的边界

 # 智极则愚：智慧的反面

　　智慧是一种平衡的艺术，它不仅仅是知识的积累，更是对事物的深刻理解和适度的运用。与之相反的过度聪明往往表现为自以为是，认为自己能掌控一切，从而忽视了事物的复杂性和变化性。以战国时期的著名谋士苏秦和张仪为例，苏秦和张仪在合纵连横的过程中，取得了显赫成就，政治生涯如日中天。然而，他们的最终结局却因卷入复杂的权力斗争而充满了悲剧色彩。关于苏秦的死亡，史料存在一定争议。虽然他在刺杀中受重伤，但多数历史学家认为，他是在试图引诱刺客的过程中被车裂而死。这一结局反映了他在政治权谋中未能充分审慎权衡风险，从而导致自身的毁灭。张仪同样展现了卓越的智慧，但因晚年受到群臣的嫉妒和秦王的猜忌，最终不得不返回魏国安度余生。他们的故事提醒我们，智慧的过度运用可能带来致命的后果，尤其是在忽视外部环境和潜在风险的情况下。

　　汉初名将韩信也是"智极则愚"的典型例子。韩信原本是刘邦手下的头号将领，帮助刘邦打下了汉朝的江山，但他在功成名就之后，贪恋权势，不懂得知止，结果被吕后和萧何设计陷害，最终身首异处。他在军事上拥有卓越的智慧和才能，被誉为"兵仙"，然而在权力的博弈中，他的智慧却变成了他的致命弱点。韩信在刘邦统一天下后，没有及时"知止"，反而不

断谋求更大的权力，最终落得个被诛杀的悲惨结局。韩信的故事告诉我们，智慧需要适度，一旦过度，便会反噬自身，导致毁灭。

同样，曹操的儿子曹植也是一个典型例子。曹植才华横溢，诗文并茂，被誉为"建安之杰"。然而，他过于聪明，以致在争夺皇位的斗争中因锋芒毕露而屡遭打压。曹植聪明一世，最终却因过度自信和急功近利而落得个失意终老的下场。

在现代商界，"智极则愚"的现象同样存在。一些企业家在初期凭借智慧和创新取得了巨大成功，但在成功后，他们过度自信，忽视了市场变化和竞争对手，最终导致企业衰败。例如，柯达公司曾是摄影行业的巨头，但由于高层过度自信传统胶卷市场，未能及时转型到数码摄影，最终导致公司破产。

"知止"是避免智慧反噬的关键。无论在政治、军事，还是商业领域，知道何时停止才是保护智慧成果的最好方式。

实现智慧的适度运用，需要具备以下几点：定期反思自己的决策和行为，避免被成功冲昏头脑；听取他人的意见和建议，避免自我封闭；保持谦逊，不骄不躁，认识到自身的局限性；预见并规避潜在的风险。

智慧是成就伟业的利器，但过度的聪明会导致愚蠢的后果。在这个充满变数的时代，我们需要时刻警醒自己，避免陷入"智极则愚"的可悲境地。智慧并非万能，它是有边界和限度的。我们应当时刻保持清醒，认清自己的局限，懂得适可而止。只有这样，我们才能掌握智慧的精髓，在复杂多变的世界中立于不败之地。

 # 权力的"双刃剑"

权力就像一把"双刃剑",在给予人们力量的同时,也可能带来灾难。权力不仅仅是达成目标的工具,更是一种责任和考验。在历史和现实中,权力的双重性往往让人们在荣耀与毁灭之间徘徊。隋朝大儒王通在《止学》中不仅讨论了智慧的极限,也对权力的双重性进行了深刻的探讨。权力的本质在于其可以成就伟业,但同时也可能毁灭持有者。

权力带来的第一层考验是其诱惑性。权力不仅赋予人们支配和控制的能力,同时也容易让人迷失在其中,忘记了初衷。拿破仑·波拿巴是一个典型的例子。他凭借军事才华和卓越的领导力,从一个默默无闻的炮兵军官跃升为法国皇帝。然而,权力的诱惑使他变得急功近利,野心不断膨胀,最终发动了对俄罗斯的致命远征,导致滑铁卢战败,失去了帝国,也失去了自由。

同样,唐代的安禄山也是一个典型的例子。安禄山凭借在边疆的军功,逐步积累了巨大的权力。然而,权力的诱惑让他忘记了自己的本分,发动了"安史之乱",导致唐朝由盛转衰,自己也在权力斗争中惨败身亡。安禄山的故事再次证明了权力的双重性,它既能成就一个人,也能毁灭一个人。

如何驾驭权力,使之成为成就事业的工具,而非毁灭自己的利刃,是每个掌权者必须面对的挑战。王通在《止学》中指出，权力的关键在于"知止"，即知道适可而止，避免过度膨胀和滥用。只有掌握了"知止"的智慧，才能真正驾驭权力，避免被其反噬。

具体来说，掌握权力需要注意以下几点。

第一，掌权者必须具备高度的自我约束能力，不被权力和利益诱惑。秦始皇统一中国后，实行了强有力的集权统治，同时也保持了高度的自律，注重法律和制度的建设，确保权力不被滥用。然而，他晚年的暴政和苛政，最终导致了秦朝的迅速灭亡，再次验证了权力的双面性。

第二，广纳谏言，听取他人的意见和建议。独断专行往往导致权力的滥用和决策的失误。唐太宗李世民在位期间，广开言路，虚心纳谏，创造了"贞观之治"的盛世局面。然而，晚年的他逐渐变得刚愎自用，导致了政局的不稳。李世民的经历说明了权力的使用需要智慧和谦逊，唯有如此，才能真正造福人民，成就伟业。

第三，责任意识，权力不仅仅是一种地位，更是一种责任。每个掌权者都应该清楚，权力意味着更多的责任和义务，而不仅仅是享受特权。南非的曼德拉就是一个极好的例子。曼德拉在当选南非总统后，并没有对镇压黑人、迫害黑人的白人法官、警察、看守等实施报复，相反，他对白人和黑人一视同仁，展示了他的博大胸襟和崇高的宽容精神。曼德拉的成功经验告诉我们：权力的真正价值在于为人民服务，而不是自我满足。

第四，预见风险，权力的使用必须具备前瞻性，能够预见并规避潜在的风险。邓小平作为中国改革开放的总设计师，始终坚持理论与实际相结合，领导干部群众研究新情况，解决新问题，既锐意改革，又始终在思想政治上奉行四项基本原则，为中国特色社会主义市场经济的行稳致远奠定了坚实的基础。邓小平的智慧在于他对权力的理性使用和对风险的清醒认识，这使得他在复杂的国际国内环境中，始终保持了政策的稳定性和连续性。

权力，既可以成就伟业，也可以毁灭自己。如何驾驭权力，使之成为推动社会进步和实现个人抱负的工具，而非反噬自己的利刃，是每个掌权者必须面对的挑战。王通在《止学》中提出的"知止"智慧，为我们提供了一条驾驭权力的道路。通过自律、广纳谏言、责任意识和预见风险，我们可以在权力的使用中游刃有余，避免其带来毁灭性的后果。

总之，权力的双重性要求我们在使用权力时保持清醒和谦逊，时刻警醒自己，避免陷入权力的陷阱。智慧的本质在于"知止"，权力的关键在于责任。只有懂得适可而止，我们才能真正驾驭权力，实现自己的理想和目标。正如一些思想家所指出的，权力可以是最有力的工具，但如果不加以约束，它也可能成为最危险的武器。唯有智慧地使用权力，才能避免其反噬，从而成就真正的伟业。

 ## "知止"在正确运用权力中的意义

权力,作为一种影响力和支配力,常被视为通向成功和荣耀的捷径。然而,历史和现实中的无数案例告诉我们,权力的使用必须谨慎,否则将带来毁灭性的后果。正如刀剑需要控制力度,权力也需要被理性和智慧引导,才能发挥其真正的价值。

首先,"知止"在权力运用中的重要性体现在避免过度扩张和滥用。权力具有诱惑力,它可以使人获得控制和影响的能力,但也容易让人陷入无止境的追求中。

其次,"知止"帮助掌权者保持清醒,避免被权力冲昏头脑。无论是在政治、商业,还是其他领域,权力膨胀常伴随着决策失误和判断偏差。

再次,"知止"有助于权力的持久和稳定。权力如同烈火,如果控制得当,则可以温暖人心,推动社会进步;如果失控,则会烧毁一切。

又次,"知止"还体现在对社会责任的承担上。权力不仅是特权,更是一种责任。每个掌权者都应该明白,权力背后意味着对人民和社会的责任。曼德拉成功掌权后,深刻意识到南非是一个多民族国家,要使国家步入正轨,必须推动民族和解,避免大规模内战,基于此,曼德拉签署了《促进民族团结与和解法》。他的成功,源于对权力的"知止"和对社会责任的

深刻理解。

最后,"知止"促进权力的合理分配和使用,能够避免权力过度集中带来的风险。针对权力过度集中不受监督的弊端,邓小平认为,只有坚决清除官僚主义、形式主义、家长制作风等弊端,党的领导才能得到真正的加强。他的智慧在于对权力的合理使用和分配,确保政策的稳定性和连续性。

"知止"不仅仅是一种个人的智慧,更是一种治理国家和企业的哲学。无论是古代的贤者,还是现代的企业家,他们的成功经验都告诉我们,"知止"是权力运用中的关键。权力如同烈火,掌控得当,可以温暖和照亮;掌控不当,则会焚毁一切。我们必须时刻保持清醒,认清自己的局限,知道何时停止,懂得适可而止。只有这样,我们才能真正驾驭权力,避免其带来的毁灭性后果,首先,"知止"在权力运用中的核心作用在于帮助掌权者明白何时停止,避免陷入无节制的扩展与滥用之中。权力的魅力往往伴随着欲望的膨胀,然而真正的智慧在于懂得适可而止,避免因过度的野心而毁灭已有的成果。

其次,"知止"赋予掌权者保持冷静的能力,尤其是在权力高峰时不被成功冲昏头脑。历史上许多帝王和企业领袖,因无法约束自己的权力欲望而做出短视决策,最终导致其事业崩塌。例如,法国拿破仑在战场上辉煌一时,但因无法控制其扩张的野心,最终在莫斯科战役中败北,这一历史教训凸显了"知止"的重要性。

再次,"知止"还可以促使权力结构更加稳固和持久。成功的领导者懂得让权力在合理的范围内运行,避免失控。英国首相丘吉尔在"二战"后,面对国家的重建任务,尽管其在"二战"时的领导能力得到广泛认可,但他选择在"二战"后逐步让权,将更多的重建任务交给国民和内阁,以避免过度依赖个人权威,保证了国家稳定的复苏。

又次,"知止"还体现在对社会公正的追求上。权力不仅意味着支配,也意味着为公众服务的责任感。瑞典首相奥洛夫·帕尔梅在其任期内,始终倡导社会公平与和平外交,他的政策在全球范围内得到了尊重,并成为现代政治家施展权力的典范。他以权力推动社会进步,而非仅为个人利益服务。

最后,"知止"促使权力的合理共享和分配,从而规避因过度集权而引发的社会风险。德国总理安格拉·默克尔在其执政过程中,通过促进各方政治力量的合作与协调,成功引领德国走过多次危机。这种合理的权力分配,不仅保证了政策的连续性和稳定性,还增强了政府的信任度和合法性。

"知止"不仅是一种个人的修养,更是一种智慧的统治哲学。无论是在政治舞台上,还是企业管理中,只有权力的适度运用才能带来真正的长久成功。权力犹如河流,控制得宜则可滋润万物,失控则会泛滥成灾。唯有时刻警惕权力的潜在危险,保持适时的克制,才能实现真正的和谐与繁荣。

权力是一种考验,它考验着掌权者的智慧和品格。正如哲学家所言:"权力是最好的仆人,也是最危险的主人。"通过"知止",我们才能避免被权力所控制,真正掌控自己的命运。"知止"不仅仅是一种智慧,更是一种修养和境界,它要求我们保持谦逊,认清自己的局限,勇于承担责任,合理使用权力。

学会"知止",可以帮助我们避免过度扩张和滥用,保持清醒,确保权力的持久和稳定,促进社会责任的承担和权力的合理分配。通过"知止",我们可以在权力的道路上游刃有余,实现真正的成功和幸福。这不仅是古代智慧的精髓,也是现代社会中不可或缺的治理哲学。

 # 古代权力案例分析

权力是一种既能成就伟业,也能带来毁灭的力量。古往今来,无数掌权者因智慧和知止而取得成功,但也有无数因滥用权力而导致失败的案例。通过对这些历史案例的分析,我们可以更好地理解权力的双重性和"知止"在权力运用中的意义。

首先,来看一个国外的经典案例——罗马帝国的屋大维·奥古斯都。屋大维是罗马帝国的奠基者,他通过智慧的政治策略和军事手段,结束了罗马共和国的内战,建立了罗马帝国。然而,他的成功不仅在于军事上和政治上,更在于他对权力的适度使用和"知止"的智慧。在巩固了自己的权力后,屋大维并没有继续扩张个人的权力,而是通过改革政府机构和法律制度,确保了帝国的长期稳定。他在位期间,推行了一系列旨在平衡权力、促进社会和谐的政策,使罗马帝国进入了一个长达两百多年的"和平时期",即"帕克斯·罗马纳"。屋大维的成功经验告诉我们,权力的合理使用和"知止"是实现长治久安的关键。

在中国历史上,汉武帝刘彻的统治是一个复杂而典型的权力运用案例。刘彻在位期间,通过一系列对外扩张和内部改革的措施,使汉朝走向鼎盛。然而,他晚年的穷兵黩武和对巫蛊之祸的迷信,导致了国家财政困窘和社

会动荡。值得注意的是，在他晚年认识到自己的错误后，汉武帝发布了《罪己诏》，反思自己的过失，停止了对外战争，开始重视社会的稳定与恢复。这一"知止"的举动，虽然未能完全扭转局势，但在一定程度上缓解了社会矛盾，显示出他对权力的重新审视和反思。

另一个典型案例是宋太祖赵匡胤的"杯酒释兵权"。赵匡胤通过"陈桥兵变"登上皇位后，深知军事权力的集中可能带来的隐患。在巩固皇权的过程中，他采用"杯酒释兵权"的方式，以温和的手段解除了一些重臣的兵权，避免了军事将领拥兵自重、威胁中央集权的风险。这一策略不仅巩固了他的统治，也为北宋王朝的长治久安奠定了基础。赵匡胤的成功在于他在巩固权力后，懂得适时收敛重臣锋芒，避免了权力过度集中带来的危机。

其次，来看国外的一个例子，英国女王伊丽莎白一世。伊丽莎白一世通过外交手段和军事策略，成功抵御了西班牙的入侵，并在国内推行了一系列改革，促进了英国的经济和文化发展。她在位期间，始终保持对权力的清醒认识，避免过度集权。伊丽莎白一世在面对议会和贵族的压力时，展现了极大的政治智慧，通过妥协和让步，保持国家的稳定和繁荣。她的知止和智慧，使英国在她的统治时期，成为欧洲的强国之一。

最后，来看一个独特的案例。奥斯曼帝国的苏莱曼大帝通过一系列军事征服和政治改革，将奥斯曼帝国推向了鼎盛时期。然而，尽管他在统治后期尝试通过法律制度的完善和国家治理的稳定来巩固帝国的基业，但奥斯曼帝国在他去世后并未继续保持长久的强盛。事实上，苏莱曼大帝去世后，帝国逐渐进入衰退期，面临着来自欧洲等外部势力的压力，以及内部政治、经济和社会问题的加剧。这一案例反映了权力的双重性：苏莱曼大帝通过权力取得了辉煌的成就，但在未能有效解决继承与治理挑战的情况下，这一权力也为帝国的未来埋下了隐患。正因如此，苏莱曼大帝的统治经验也提醒我们，知止对于权力的有效运用至关重要，是避免权力反噬的关键。

通过以上案例的分析，我们可以看出，权力的合理使用和"知止"的智慧在历史上发挥了至关重要的作用。无论是屋大维的和平政策、阿育王的非暴力转变、汉武帝的反思自省，还是赵匡胤的杯酒释兵权、伊丽莎白一世的政治智慧，这些掌权者都懂得"知止"，避免了权力的滥用和膨胀，实现了长治久安和繁荣稳定。苏莱曼大帝虽然以其军事才能和帝国扩张著称，但他的统治也提醒我们，单凭扩张和征服并不能确保帝国的长久繁荣。虽然苏莱曼进行了多项改革，但在后继者未能有效治理和维护帝国的背景下，奥斯曼帝国的力量逐渐衰退。这一例子进一步说明，知止与审慎治理在权力运用中的重要性，避免了权力反噬的风险。

这些案例不仅是对历史的回顾，也是对当今社会和未来的启示。权力的双重性决定了我们在运用权力时，必须时刻保持清醒，懂得适可而止。唯有如此，才能真正驾驭权力，实现个人和社会的共同发展。

第三章

欲望的陷阱

 # 欲望的本质与危害

欲望，是人类内心最基本的驱动力之一。它促使我们追求目标，实现梦想，推动社会的进步和文明的发展。然而，欲望也是一种具有两面性的力量，在带给我们动力的同时，也潜藏着巨大的危险。欲望的本质与其带来的危害，是我们必须深刻理解和警惕的。

从本质上看，欲望是一种强烈的渴望或需求，它可以是物质的，也可以是精神的。物质欲望包括对财富、地位、权力的追求，而精神欲望则包括对知识、成就、爱和尊重的渴望。无论是哪种欲望，它们都源于人类对更好生活的追求和对自我实现的渴望。然而，欲望一旦失控，便会如洪水般泛滥，带来毁灭性的后果。

首先，欲望的失控会导致个人的道德沦丧和行为失范。古今中外，无数的故事和传说都在警示我们，过度的欲望会让人迷失自我，陷入无尽的贪婪和腐败之中。

在西方，古罗马皇帝尼禄是一个被欲望吞噬的典型例子。尼禄因对权力和享乐的无尽追求，变得极度残暴和专横。他为了满足自己的欲望，不惜杀害亲人，迫害基督徒，甚至纵火焚烧了罗马城，以便重新建造一座豪华的宫殿。尼禄的行为，不仅毁灭了无数人的生命和财产，也最终导致了

自己的覆灭。

其次,一旦欲望失控,就会引发社会的不公平现象以及动荡不安的局面。人类社会的发展,离不开对物质和精神的追求。然而,当欲望超越了合理的范围,社会便会陷入不平等和矛盾之中。法国大革命前夕,贵族和王室对财富和特权的无度追求,激化了社会矛盾,最终导致了革命的爆发和旧制度的崩溃。玛丽·安托瓦内特皇后的奢华生活方式和对民众疾苦的漠视,成为社会不满情绪爆发的诱因。她的奢侈生活与法国普通民众日益加深的贫困形成了鲜明对比,这不仅加剧了民众对王室的愤怒,也成为法国大革命爆发的导火线之一。她对民众需求的忽视,以及她与贵族阶层对财富的无度享受,最终导致了旧制度的崩溃,推动了革命的到来。

在现代社会中,金融危机便是由欲望失控引发的另一个典型案例。2008年的全球金融危机,源于华尔街金融机构对利润的无尽追求,导致了高风险的投资行为和金融产品的泛滥。当"泡沫"破裂时,整个世界的经济都受到了严重打击,无数家庭失去了工作和住房,社会动荡不安。那段时期,人们对快速致富的渴望,推动了投机行为的泛滥,这些行为无视了风险和道德底线,最终导致了经济体系的崩溃。

再次,欲望的失控不仅会导致经济和政治的动荡,还会对社会的道德和文化产生深远的影响。当一个社会普遍追求物质和享乐,忽视了精神和道德的建设时,便会陷入价值观的迷失和道德的沦丧。古罗马帝国的衰落,部分原因就在于其后期社会风气的腐败和奢靡。贵族阶层沉溺于享乐和奢华生活,忽视了国家的治理和人民的疾苦,最终导致了帝国的衰亡。

在中国历史上,明末清初时期也是欲望失控导致社会动荡的典型例子。明朝末年,宦官专权,贪污腐败,官员追逐权力和财富,社会矛盾日益激化。人民生活在水深火热之中,社会道德崩溃,最终导致了农民起义和明朝的灭亡。而清初的统治者吸取了明朝的教训，通过一系列的改革和整顿，恢复了社会的稳定和秩序。

最后，欲望的失控还会对人类的精神世界造成深远的影响。当人们被欲望驱使，追求外在的物质和享乐时，往往会忽视内心的真正需求，导致精神的空虚和迷失。在现代社会，许多人在追求财富和地位的过程中，感到越来越孤独和焦虑，精神世界变得贫乏。

现代社会中，许多人因为追求物质而忽视了家庭和人际关系，导致家庭破裂和人际关系的冷漠。大量的研究表明，过度追求物质享受和财富，会导致心理问题的增加，如抑郁症、焦虑症等。社会心理学家指出，物质主义的盛行，使人们更加注重外在的成功和财富，而忽视了内在的成长和精神的充实。

除了对个人的影响，欲望的失控还会对环境和生态造成破坏。现代工业化社会中，人们过度追求经济增长和物质享受，导致了资源的过度开采和环境的污染。气候变化、环境污染和生物多样性的减少，在很大程度上都与人类无节制的欲望有关。如果不加以控制，欲望对环境的破坏将不可逆转，最终威胁到人类自身的生存。

在古今中外的许多智慧中，都强调了对欲望的控制和自律的重要性。佛教提倡"四谛""八正道"，强调通过"戒、定、慧"来控制欲望，达到内心的平静与觉悟。道家主张"无为而治"，倡导顺应自然，淡泊名利，减少对物质的追求。儒家则强调"修身齐家治国平天下"，认为只有先修养自身，控制欲望，才能治理好家庭和国家。

适可而止：制约欲望

欲望是推动人类进步的动力，但也如同洪水猛兽，若不加以制约，将会造成不可估量的危害。古今中外的智慧和实践无不在强调一个重要的道理——适可而止。

适可而止需要自我认知和反思。欲望的根源在于人类内心对更好生活的渴望，而这种渴望如果失去了理性的控制，就会变成无休止的贪婪。苏格拉底曾说："认识你自己。"这是适可而止的第一步。只有通过深刻的自我反省，了解自己的欲望和需求，我们才能有效地管理和控制它们。古希腊哲学家们强调通过理性来控制欲望，认为理性是人类区别于动物的根本特点。通过理性思考和自我反省，我们可以认识到哪些欲望是合理的，哪些是过度的，从而做到适可而止。

在中国传统文化中，适可而止也是一种重要的智慧。《道德经》中有言："知足不辱，知止不殆。"意思是说，懂得满足的人不会感到羞辱，懂得节制的人不会遭遇危险。道家强调顺应自然，提倡"无为而治"，主张减少对物质的追求，追求内心的平静与和谐。庄子在《逍遥游》中描述了一种无拘无束、随遇而安的生活态度，强调"无为"的重要性，这正是适可而止的精髓所在。

"适可而止"在个人理财中同样重要。理财的目的是实现财务自由和生活品质的提升,但如果陷入无止境的财富追求,就会带来巨大的心理压力和生活负担。"适可而止"的理财观念要求我们在追求财富的同时,保持合理的消费习惯和生活态度,避免过度消费和盲目投资。通过合理规划和适度消费,我们可以在享受生活的同时,实现财务的稳健增长,避免因贪婪而陷入财务困境。

欲望的适可而止不仅需要个人的自我约束,也需要社会的引导和规范。政府和社会机构应当通过教育和宣传,引导人们树立正确的价值观和消费观,倡导简约生活,反对过度消费和浪费。比如,日本人的"断舍离"理念,提倡通过断绝不需要的物品,舍弃过多的负担,离开对物质的依赖,从而获得精神的自由和生活的简约。这一理念的普及,帮助许多人重新认识了物质与生活的关系,达到了身心的平衡与和谐。

在心理学领域,适可而止也是一个重要的研究课题。心理学家通过研究发现,适度的欲望和追求能够激发人的积极性和创造力,但过度的欲望则会导致焦虑、压力和心理问题。心理学家马斯洛提出的需求层次理论指出,人类的需求从低到高分为生理需求、安全需求、社交需求、尊重需求和自我实现需求。只有在低层次的需求得到满足后,人们才会追求更高层次的需求。然而,欲望的过度追求往往会使人陷入对物质和地位的无止境渴望,忽视了精神和自我实现的需求。通过适可而止的欲望管理,我们可以更好地满足各个层次的需求。

"适可而止"不仅在个人和社会层面具有重要意义,在国家和国际关系中同样适用。一个国家在追求经济发展和国际地位时,若不懂得适可而止,便可能引发内部矛盾和国际冲突。中国古代的"和为贵"思想,强调国家之间应以和谐共处、互惠互利为基础,反对通过武力和扩张来实现利益最大化。通过尊重各国的主权和利益，推动国际合作和共同发展，实现持久的和平与繁荣。

  总之，适可而止是一种重要的智慧和生活态度。通过自我认知和反思，我们可以更好地管理欲望，避免因贪婪而陷入困境。通过合理控制和规范欲望，我们可以促进社会的可持续发展，实现人与自然的和谐共生。通过适可而止的欲望管理，我们可以在追求物质的同时，不忘精神的成长和内心的平静。

现代社会中的欲望困境

现代社会，物质生活的丰富和科技的进步使得欲望的表达和满足变得更加多样化和即时化。然而，这种快速满足欲望的能力，也带来了诸多困境。使我们的欲望管理变得越来越艰难。

消费主义的诱惑

消费主义文化在现代社会中如潮水般席卷而来，广告和媒体无时无刻不在向人们传递着欲望的信息。从闪亮的珠宝到最新款的智能手机，从豪华的汽车到昂贵的奢侈品，消费主义鼓励人们不断追求更多的物质享受。社会学家鲍德里亚（Baudrillard）认为：现代社会的消费不仅是为了满足基本需求，也是一种身份和地位的象征。人们通过消费来展示自己的社会地位和个性，从而陷入了无止境的消费循环。

然而，过度消费带来的并非幸福，而是焦虑和压力。许多人在追求名牌和奢侈品的过程中，忽视了真正需要的东西，甚至因此背上了沉重的债务。消费主义文化让人们的欲望膨胀，不断追求"更好"的东西，但这些东西往往只是短暂的满足，无法带来持久的幸福。

社交媒体的炫耀陷阱

信息时代的到来，社交媒体的普及，使得人们的欲望变得更加复杂和难以控制。无休止的信息流和社交网络上的炫耀文化，让人们陷入了攀比和焦虑的循环。看到他人的成功和幸福，人们容易产生羡慕和嫉妒，从而激发更多的欲望。心理学家莱斯特（Lester）指出，社交媒体上的炫耀文化，会让人们对自己的生活产生不满，导致"社交嫉妒"和"比较焦虑"。

在网络平台这个虚拟的世界中，点赞和关注成了一种新的欲望表现形式，许多人在虚拟世界中迷失了自我，忽视了现实生活中的真实需求和幸福。为了追求虚拟的认可，人们不断更新状态、晒图、评论，希望获得更多的点赞和关注。然而，这种虚拟的满足是短暂且虚幻的，它无法替代现实生活中的真实情感和关系。研究表明，过度依赖社交媒体的人，往往更容易感到孤独和抑郁，因为他们的社交关系更多地停留在表面，缺乏深度和真实性。

职场压力与工作狂

职业和事业上无止境的追求，导致了工作与生活的失衡。现代职场竞争激烈，许多人为了追求职业上的成功，牺牲了健康、家庭和个人生活。心理学家西格蒙德·弗洛伊德（Sigmund Freud）曾提出，人类的行为动机源于潜意识中的欲望和冲动。现代职场中的"工作狂"现象，正是这种潜意识欲望的体现。过度的工作压力和职场竞争，让许多人感到疲惫和不安。长时间的高强度工作，导致了身心健康问题的增加，如焦虑、抑郁和过劳死等。

研究表明，过度的工作压力不仅影响个人健康，还会降低工作效率和生产力。"工作压力模型"显示，高压力、高要求的工作环境，容易导致工作倦怠和心理问题。为了追求事业上的成功，许多人忽视了家庭和个人生活的重要性，结果不仅没有获得真正的满足，反而陷入了更深的痛苦和困境。

娱乐与即时满足的迷失

科技进步和便利生活的背后，也隐藏着对快感的过度追求。娱乐和休闲方式的多样化，使得人们容易沉迷于游戏、网络和其他即时满足的活动中。心理学家詹姆斯·霍利斯（James Hollis）在其著作《我们内心的伊甸园》中指出，人类容易被即时满足诱惑，因为这种满足带来了短暂的快感和逃避现实的机会。然而，过度使用智能手机和各种电子设备，不仅导致了注意力涣散和生产力下降，也影响了人与人之间的真实互动和关系。

这种即时满足的行为，不仅影响个人的生活质量，还对社会的整体健康产生了负面影响。研究发现，沉迷于电子设备和网络游戏的人，往往更容易出现社交障碍、注意力缺陷和行为问题。心理学家米哈里·契克森米哈赖（Mihaly Csikszentmihalyi）在其"心流理论"中指出，真正的幸福来自完全沉浸在有意义的活动中，而不是短暂的快感和逃避现实的行为。

现代社会中的欲望困境提醒我们，欲望虽然是驱动我们前进的重要力量，但也需要适度控制和管理。通过理解欲望的本质，培养自我约束能力，建立健康的生活方式和社交关系，追求内在的满足和精神的充实，我们可以在纷繁复杂的现代生活中找到真正的幸福。

现代商战中的欲望管理

在现代商业社会中，欲望管理的重要性愈加凸显。企业家和公司在追求利润和市场份额的过程中，必须理性控制欲望，才能实现长期的成功和稳定的发展。过度的欲望不仅会导致企业内部的混乱和员工的压抑，还可能引发法律和道德上的问题，最终导致企业的衰败。通过合理的欲望管理，企业可以在激烈的市场竞争中立于不败之地，实现可持续发展。

我们来看一个正面的例子：日本的丰田汽车公司。丰田汽车公司在追求市场扩张和技术创新的过程中，始终保持对欲望的理性控制。丰田汽车公司强调"精益生产"和"持续改进"，通过不断优化生产流程和提高产品质量，提升企业的竞争力。在全球化的过程中，丰田没有盲目追求快速扩张，而是注重稳步发展，确保每一个市场的稳定和可持续运营。正是这种适可而止的欲望管理，使得丰田汽车公司在全球汽车市场中保持了长期的竞争优势和良好的品牌声誉。

另一个值得借鉴的例子是美国的星巴克公司。星巴克在扩展全球市场的过程中，始终注重品牌的文化内涵和顾客体验。在快速扩张的同时，星巴克没有忽视产品质量和顾客服务，通过创新的经营理念和独特的品牌文化，赢得了全球消费者的喜爱。星巴克的成功在于其对欲望的理性控制，不是盲目追求市场份额和利润，而是注重品牌的长期价值和可持续发展。

然而，在现代商业社会中，有许多企业因为欲望失控而陷入困境。

让我们再来看另一个例子：美国的安然公司。安然公司曾是美国能源行业的领军企业之一，但由于管理层对利润和股价的无度追求，导致了严重的财务欺诈和公司破产。安然的高层为了满足市场对公司业绩的预期，采用了各种非法手段，伪造财务报表，隐瞒公司亏损。最终，这种欲望失控的行为不仅导致公司倒闭，还使得无数投资者遭受巨大损失，公司的高层也纷纷入狱。安然的教训警示我们，过度的欲望追求不仅会毁灭企业，还会对社会造成广泛的负面影响。

此外，2015年爆发的德国大众汽车"排放门"事件，同样是一个企业欲望失控的典型案例。大众公司为了在全球汽车市场中占据更大的份额，采取了欺骗手段，在柴油车的排放测试中安装作弊软件，伪造排放数据。事件曝光后，大众公司不仅面临巨额罚款和赔偿，还失去了消费者的信任，品牌形象受到严重打击。大众公司的行为再次证明了，企业在追求市场份额和利润时，若不加以控制，最终会导致严重的法律和道德问题，损害企业的长期利益。

在现代商业环境中，欲望管理的关键在于企业文化和价值观的建设。一个健康的企业文化应当倡导诚信、责任和可持续发展，通过制度和机制的设计，引导员工和管理层树立正确的价值观，避免因过度追求短期利益而忽视长期发展。企业领导者在制定战略和目标时，必须保持清醒的头脑，注重企业的长远发展和社会责任，避免被短期的市场压力左右。

以苹果公司为例，苹果公司在追求技术创新和市场扩张的同时，始终注重产品质量和用户体验。虽然苹果公司的产品价格较高，但公司通过不断提高产品的科技含量和设计水平，赢得了全球消费者的认可。苹果公司在环保和社会责任方面也做了许多努力，如使用可再生能源、减少碳排放等。正是这种对欲望的理性控制和对社会责任的重视，使得苹果公司在全球市场中保持了强大的竞争力和良好的品牌形象。

在金融领域，高盛集团的例子也值得关注。高盛集团作为全球顶级的投资银行之一，在金融危机后，通过一系列的改革和调整，重新建立了风险控制和合规管理体系。高盛集团的高层认识到，过度的利润追求和高风险投资行为，会给集团带来巨大的隐患。通过加强内部控制和风险管理，高盛集团在金融市场中保持了稳定的发展，避免了再次陷入危机。高盛的经验告诉我们，欲望的理性控制和风险管理，是金融企业实现可持续发展的重要保障。

在现代商战中，欲望管理不仅关系企业的内部治理，也涉及企业与社会的互动。企业在追求利润的同时，必须承担相应的社会责任，注重环境保护、员工福利和社区发展。只有通过合理的欲望管理，企业才能获得社会的认可和支持，实现长期的可持续发展。

以丹麦的诺和诺德公司为例，这家全球领先的糖尿病护理公司，在业务发展过程中，始终坚持"以患者为中心"的理念，致力于改善糖尿病患者的生活质量。诺和诺德公司不仅在产品研发上不断创新，还积极参与全球健康事业，通过各种公益项目和合作，帮助更多的患者获得治疗。诺和诺德公司的成功在于其对欲望的理性控制和对社会责任的深刻理解，赢得了全球消费者和合作伙伴的信任与尊重。

此外，现代企业在欲望管理中，还应注重员工的激励和关怀。一个成功的企业，离不开员工的努力和贡献。通过合理的激励机制和良好的工作环境，企业可以激发员工的积极性和创造力，实现企业与员工的共同发展。以谷歌公司为例，谷歌公司通过提供优越的办公环境、灵活的工作制度和丰厚的福利待遇，吸引并留住了大量优秀人才。谷歌公司注重员工的个人发展和职业成长，通过各种培训和发展计划，帮助员工实现自我价值。这种对员工的关怀和激励，不仅提升了企业的竞争力，也促进了企业的长期发展。

总结来说，现代商战中的欲望管理，是企业实现长期成功和可持续发展的关键。通过对欲望的理性控制和合理管理，企业可以避免因过度追求短期利益而陷入困境，实现长远的繁荣和稳定。企业在追求利润和市场份额的同时，必须注重企业文化和价值观的建设，承担相应的社会责任，关注员工的发展。唯有如此，企业才能在激烈的市场竞争中立于不败之地，赢得社会的认可和支持。

第四章

商战中的"知止"策略

适可而止的商战哲学

在现代商战中,"知止"不仅仅是一种智慧,更是一种战略。商场如战场,竞争激烈且变幻莫测,企业在谋求发展壮大的过程中,如果不懂得适可而止,很可能因过度扩张或盲目冒进而陷入困境。因此,理解并应用"知止"的哲学,对于企业的长期发展至关重要。

"知止"在商战中的意义首先体现在平衡扩张与稳健之间。在企业扩张的过程中,如何找到扩张与稳健经营的平衡点是关键。过度扩张可能导致资金链断裂、管理失控,反之,过于保守则可能错失市场机遇。在扩张过程中保持警觉,适时收手,确保每一步都走得稳健。其次,"知止"还帮助企业避免盲目跟风。商场上常见的现象是企业追逐热点和风口,盲目跟风投资新兴产业或项目。虽然热点有时会带来短期的高收益,但如果没有深入的分析和准备,可能会导致严重损失。"知止"即要求企业在追逐风口时,要理性地判断和分析,避免因一时冲动而陷入风险。最后,"知止"还体现在企业知道适时退出某个市场或项目。市场变化无常,有时及时退出反而能保住企业的元气,为未来的发展留有余地。通过对市场趋势的精准把握和深刻洞察,企业能够在合适的时机选择退出,避免不必要的损失。

古代智慧在商战中的应用同样值得借鉴。《孙子兵法》中有云:"不战而屈人之兵,善之善者也。"在商战中,同样强调了不必通过激烈的竞争和对抗去赢得市场,而是通过智慧的策略达到目的。这与《止学》中的"知止"思想不谋而合。例如,曾国藩作为晚清名臣,他在治理湘军时,深知适可而止的重要性。他在多次战役中,善于在适当的时机选择撤退或停战,以保存实力,最终取得了辉煌的战绩。企业在商战中,也需要有这种"知止"的智慧,避免因一时的冒险而损失惨重。

现代企业案例分析可以帮助我们更好地理解"知止"策略的实际应用。华为公司在全球市场的扩张过程中,有着中国式的智慧与策略。面对美国的打压,华为公司并没有一味反击,而是采取了适可而止的策略,集中精力发展自己的核心技术,避免了与强敌正面冲突所带来的巨大损失。另一个案例是诺基亚公司,它曾是全球最大的手机制造商,但由于在智能手机浪潮中的盲目自信和未能及时调整战略,最终被市场淘汰。诺基亚公司的失败教训提醒我们,在市场环境变化时,"知止"并不是停滞不前,而是要有前瞻性的战略调整。

在经营学和博弈论中,"知止"策略同样具有重要意义。纳什均衡理论强调,在所有参与者都作出最优反应的情况下,任何一方都没有动机改变自己的策略。"知止"在此即为企业在市场竞争中找到一个平衡点,既不过分冒进,也不因保守而丧失竞争力。企业在资源管理中,也需要懂得知止。通过合理规划和节约使用资源,企业能够在激烈的市场竞争中保持优势。

由此看来,"知止"是一种深刻的智慧和策略,在商战中具有重要的指导意义。通过理解和应用"知止"哲学,企业可以在激烈的市场竞争中立于不败之地,避免因过度追求或盲目跟风而陷入困境。通过古代智慧与现代案例的结合,我们可以更加全面地理解并应用这一重要理念,为企业的发展保驾护航。

具体而言,"知止"的智慧在商战中的应用,不是简单地停下脚步,而是要求企业在每一个决策点上,都能够进行理性分析和深刻的自我反思。这需要企业领导者具备高度的战略眼光和敏锐的市场洞察力。在实际操作中,企业可以通过建立健全的风险管理机制,设立合理的预警系统,及时发现并应对可能出现的市场风险和内部管理问题。此外,企业还可以通过持续的学习和创新,不断提升自身的核心竞争力,以应对外部环境的变化。

比亚迪在新能源汽车领域的崛起,是一个值得借鉴的例子。面对能源转型和市场需求的变化,比亚迪持续专注于电池技术和新能源汽车的研发,成功占领了国内外市场。比亚迪的成功经验表明,企业在面对市场挑战时,唯有坚持技术创新并紧跟行业趋势,才能在竞争中占据主动地位。

而百事可乐与可口可乐的市场竞争则提供了反面警示。在多个市场竞争中,百事可乐因未能充分挖掘消费者的多样化需求,过度依赖单一品类,与可口可乐的差距不断拉大。这一教训提醒我们,企业在发展过程中,必须深刻洞察消费者需求,避免因战略单一而丧失竞争优势。

在经营学中,"知止"的理念同样得到广泛认可。企业在制定发展战略时,必须充分考虑市场环境、竞争态势和自身资源等多方面因素,避免盲目扩张和冒进。通过科学的规划和审慎的决策,企业可以在保持稳健发展的同时,抓住市场机遇,实现可持续的增长。

博弈论中的纳什均衡理论,也为我们提供了重要的启示。在市场竞争中,企业不仅需要关注自身的战略选择,还必须考虑竞争对手的反应和市场的整体态势。通过合理的策略和适时的调整,企业可以在激烈的市场竞争中找到最佳的平衡点,实现共赢。

因此,理解并应用"知止"哲学,不仅可以帮助企业在市场竞争中避免不必要的风险,还可以为企业的长期发展提供坚实的基础。在实际操作中，企业领导者应时刻保持对市场环境和内部管理的敏锐洞察，通过科学的决策和审慎的策略，确保每一步都走得稳健扎实。只有这样，企业才能在激烈的市场竞争中脱颖而出，实现长期的繁荣和发展。

商业博弈中的"知止"

在商业博弈中,"知止"是一种智慧的体现,它不仅关系到企业能否在竞争中获胜,还涉及企业能否实现可持续发展。在这个充满不确定性和激烈竞争的商业环境中,如何在博弈中把握好"知止"的原则,是每个企业管理者必须深思的问题。

其一,商业博弈中的"知止"体现在企业对市场机会的理性判断上。企业在面对市场机会时,往往会陷入两难境地:是积极抓住每一个机会,还是谨慎选择适合自己的机会?在这方面,"知止"即为企业在众多机会中找到最适合自己的那一个,而不是盲目追逐所有机会。过度追逐机会,可能导致企业资源分散、战略失焦,最终影响整体竞争力。

其二,"知止"在商业博弈中还体现在对竞争对手的策略应对上。企业在竞争中,常常会遇到对手的挑衅和激烈竞争。如果一味迎战,可能会消耗大量资源,甚至陷入两败俱伤的局面。因此,企业需要在竞争中保持冷静,懂得在适当的时候选择退一步,通过调整策略,避免正面冲突,以谋求长远发展。例如,在竞争激烈的快消品市场,宝洁公司在面对激烈的市场竞争时,并没有一味地与竞争对手正面交锋,而是通过调整产品线和市场策略,避开了激烈的价格战,保持了市场的稳定和品牌的声誉。

其三，商业博弈中的"知止"还体现在企业对自身实力和资源的认知上。企业在制定战略和实施战术时，必须充分考虑自身的实力和资源，避免因过度冒险而造成不可挽回的损失。例如，特斯拉公司在早期发展阶段，面对巨大的市场需求和资本压力，并没有选择盲目扩张，而是通过逐步扩大产能，稳步提高技术水平，最终在电动汽车市场中取得了领先地位。特斯拉公司的成功经验表明，企业在博弈中，只有充分认识和评估自身实力，才能制定出合理的战略，避免因过度扩张而陷入困境。

其四，"知止"还体现在企业对长期利益的追求上。在商业博弈中，短期利益往往充满诱惑，但长期利益才是企业生存和发展的根本。企业在追逐短期利益时，必须时刻保持警惕，避免因一时的利益而忽视了长期发展。例如，亚马逊在早期发展阶段，选择了长期亏损以换取市场份额和用户黏性，并通过不断扩大业务范围和提升用户体验，成功在全球电商市场中占据了主导地位。亚马逊的战略选择体现了对长期利益的重视和对"知止"原则的深刻理解。

其五，"知止"在商业博弈中还涉及企业对市场风险的管理。现代商业环境充满了各种不确定性和风险，企业在博弈中，必须时刻保持对风险的敏感和警觉。通过建立完善的风险管理机制，企业可以及时发现和应对各种潜在风险，避免因风险管理不当而陷入困境。例如，巴菲特的伯克希尔·哈撒韦公司在投资过程中，始终坚持价值投资理念，通过对市场风险的深刻洞察和谨慎操作，避免了许多投资陷阱，实现了长期稳健的增长。巴菲特的投资哲学和成功，充分展示了"知止"在风险管理中的重要作用。

其六，"知止"在商业博弈中还体现在企业对创新的态度上。创新是企业发展的动力，但盲目创新可能会带来不可预测的风险。因此，企业在推进创新时，必须保持理性和审慎，避免因过度追求创新而偏离核心业务和战略目标。例如，谷歌公司在多年的发展中，始终坚持在核心业务领域不断创新，同时也保持了对新兴技术和市场的敏感，通过合理分配资源，避免了因盲目创新而带来的风险和损失。谷歌的经验表明，企业在创新过程中，只有保持"知止"的智慧，才能实现可持续的创新和发展。

现代企业的战略调整

在现代商业环境中，企业面临着不断变化的市场动态、技术进步以及日益激烈的竞争。如何在这样的环境中进行战略调整，是每个企业必须面对的重要课题。有效的战略调整不仅能够帮助企业应对当前的挑战，还能为未来的发展铺平道路。在这一节中，我们将通过一个情景设定来分析现代企业如何进行战略调整，并探讨"知止"在其中的应用。

情景设定：创新科技公司 TechNova 的战略调整

TechNova 是一家创新科技公司，专注于人工智能和物联网技术的开发和应用。成立初期，公司通过推出几款颇具市场影响力的智能设备，迅速在市场上崭露头角，获得了不少投资者的青睐。然而，随着市场竞争的加剧和技术迭代的加速，公司开始面临诸多挑战，如市场份额被蚕食、技术优势逐渐减弱、内部管理问题频现等。面对这种情况，TechNova 的管理层决定进行战略调整，以确保公司的长期稳定发展。

1. 识别问题与市场环境

在进行战略调整之前，TechNova 首先进行了全面的内部审计和市场分析。审计结果显示，公司在研发投入上存在过度分散的问题，多线并行的研发策略导致资源分配不均，部分项目进展缓慢。此外，市场分析表明，竞争对手在核心技术上不断突破，市场需求也逐渐从硬件转向软件和整体解决方案。

2. 确定调整方向

根据审计和分析结果，TechNova 的管理层决定进行如下调整。

（1）聚焦核心技术：削减非核心项目的研发投入，将资源集中在具有市场前景和技术优势的关键领域，如人工智能算法和物联网平台。

（2）优化产品线：逐步淘汰市场表现不佳的产品，集中力量打造几款旗舰产品，以提高市场竞争力和品牌形象。

（3）提升内部管理：加强项目管理和团队协作，建立更加高效的决策机制，确保每一个研发项目都能按时、高质量地完成。

3. 战略实施与"知止"的应用

在战略调整的实施过程中，TechNova 充分体现了"知止"的智慧。

首先，在聚焦核心技术方面，公司通过详细的市场调研和技术评估，果断缩减了一些短期内难以见效的项目。这一决策虽然在短期内带来了一定的负面影响，如部分研发人员的不满和市场质疑，但从长期来看，却为公司的核心技术发展腾出了宝贵的资源和时间。

其次，在优化产品线上，TechNova 管理层深知"欲速则不达"的道理。在逐步淘汰旧产品的过程中，公司没有"一刀切"地立即停止所有旧产品的生产和销售，而是通过逐步过渡的方式，确保市场和用户有足够的时间接受新的产品。这种"适可而止"的策略，有效地避免了市场和用户的反弹。

最后，在提升内部管理方面，TechNova引入了更加透明和高效的管理工具和流程。在新制度实施的初期，公司遇到了一些阻力，但管理层通过不断调整和优化，使得新的管理模式逐渐被员工接受和认可。通过这种"知止"的方法，公司在提高效率的同时，保持了团队的稳定和士气。

4．战略调整的结果

经过一段时间的调整，TechNova逐步恢复了市场竞争力。核心技术的突破和几款旗舰产品的成功推出，使得公司在市场上重新赢得了声誉和份额。内部管理的优化，提高了团队的工作效率和项目的完成质量。在这一过程中，"知止"的智慧帮助TechNova在关键时刻做出理性决策，避免了因盲目冒进而带来的风险。

案例分析：成功的"知止"策略

在前几节中，我们详细探讨了"知止"在商战、商业博弈和现代企业战略调整中的重要性及应用。本节将通过多个案例分析，展示企业如何在实际经营中运用"知止"策略，从而在激烈的市场竞争中立于不败之地。这些案例不仅进一步诠释了"知止"的深刻内涵，也为现代企业提供了宝贵的借鉴价值。

案例一：可口可乐公司的市场战略调整

可口可乐公司作为全球知名饮料企业之一，其成功不仅源于强大的品牌影响力和市场营销，更在于其在关键时刻对市场战略上的"知止"。20世纪80年代，可口可乐决定改变经典配方，推出"新可乐"，以应对百事可乐的竞争。然而，这一改变并未得到市场和消费者的认可，反而引发了强烈的反对声浪。

面对这一局面,可口可乐公司迅速意识到了错误,果断停止了"新可乐"的推广，重新恢复了经典配方。这一决策显示了可口可乐公司对市场和消费者反应的敏锐把握，以及在关键时刻"知止"的智慧。通过及时调整策略，公司不仅挽回了消费者的信任，还强化了品牌的经典形象，巩固了市场地位。

案例二：英特尔公司的转型之路

英特尔公司在 20 世纪末期面临着严峻的市场挑战。随着个人电脑市场的逐渐饱和，英特尔原有的业务模式开始显现出局限性。为此，英特尔公司决定进行战略转型，进军数据中心和物联网领域。然而，初期的转型并不顺利，市场反应平平。

在这个过程中，英特尔公司深刻认识到，盲目扩展新业务领域可能会导致资源分散和核心竞争力的削弱。因此，公司决定适当放缓扩展步伐，集中资源和技术力量，重点突破数据中心和云计算技术。通过这种"知止"的策略调整，英特尔公司逐渐在新兴领域建立了竞争优势，成功实现了从传统芯片制造商向多元化技术公司的转型。

案例三：戴尔公司的私有化策略

戴尔公司在 2013 年面临严重的市场压力，同时业绩也在下滑，创始人迈克尔·戴尔（Michael Del）决定采取私有化的方式，以摆脱股东的短期压力，进行长远的战略调整。私有化是一个重大决策，充满风险，但也是一次"知止"的实践。通过私有化，戴尔公司得以重新审视和调整业务模式，专注于企业级解决方案和服务的拓展。

在私有化后的几年里，戴尔公司成功转型，提升了盈利能力和市场竞争力。2018年，戴尔公司重新上市，市值大幅增长，证明了当初私有化决策的成功。这一案例显示了在面对市场困境时，"知止"策略帮助企业找到最佳的调整路径，实现了长期稳健的发展。

案例四：李宁的供应链优化

李宁公司在东亚市场中占据领先地位，然而，早期的供应链管理问题一度影响了公司的声誉和业绩。为了应对这些问题，李宁决定进行大规模的优化供应链。然而，面对复杂的供应链网络和多变的市场需求，李宁并没有一味地追求快速变革，而是采取了稳健的"知止"策略。李宁通过分阶段优化供应链，逐步引入先进的管理技术和系统，改善生产流程和物流管理。这一策略不仅避免了因过度变革带来的运营风险，还确保了每一步优化措施的有效实施。最终，李宁成功建立了一套高效、灵活的供应链体系，大幅提高了市场响应速度和产品质量，巩固了市场领先地位。

案例五：Netflix 的内容战略

Netflix 作为全球领先的流媒体服务提供商，其成功离不开对内容战略的精准把握。在早期，Netflix 主要依赖版权内容的采购，随着市场竞争的加剧和用户需求的多样化，公司决定进军原创内容领域。然而，原创内容的制作成本高昂，且存在较大的市场风险。

为此，Netflix 采取了渐进式的"知止"策略，逐步增加原创内容的投资比例，同时继续保持对优质版权内容的采购。通过这种稳健的策略，Netflix 在控制风险的同时，不断提升了内容的丰富性和吸引力。随着《纸牌屋》等多部原创剧集的大获成功，Netflix 逐渐确立了在原创内容领域的领先地位，增强了用户黏性和市场竞争力。

案例六：亚马逊的国际市场扩展

亚马逊在成为全球最大的电商平台后，决定大力拓展国际市场。然而，国际市场的扩展并非一帆风顺，各国市场的消费习惯、法规政策等存在显著差异。亚马逊在扩展过程中，始终坚持"知止"的原则，根据不同市场的特点，采取灵活多变的策略。

在中国市场，亚马逊面对本土电商的激烈竞争，调整了战略重心，逐步将主要精力转向跨境电商业务。通过这种适时的战略调整，亚马逊在中国市场找到了新的增长点，避免了与本土电商的直接对抗。在印度市场，亚马逊则通过大量投资和本地化运营，逐步建立起竞争优势。这些案例显示了亚马逊在国际市场扩展中，通过"知止"策略，灵活调整，取得了显著成效。

案例七：百事公司的产品多元化

百事公司在软饮料市场中与可口可乐长期竞争，但其成功不仅在于软饮料业务，还在于在其他食品饮料领域的多元化发展。面对软饮料市场增长放缓的挑战，百事公司决定通过并购和开发新产品，拓宽业务范围。然而，百事公司并没有一味追求大规模的快速扩展，而是通过稳健的"知止"策略，逐步增加在健康食品和零食领域的投入。

通过收购桂格燕麦、佳得乐等品牌，百事公司成功丰富了产品线，提升了市场份额和盈利能力。百事公司的多元化战略不仅帮助公司在软饮料市场竞争中取得优势，还有效分散了市场风险，确保了公司长期的稳健发展。

案例八：特斯拉汽车公司的产能扩展

特斯拉在电动汽车市场的崛起，引发了全球汽车行业的巨大变革。然而，在初期的产能扩展过程中，特斯拉汽车公司遇到了生产"瓶颈"和供应链管理问题。为此，特斯拉汽车公司采取了"知止"的策略，通过稳步扩展产能，逐步优化生产流程和供应链管理，避免了因过度扩展导致的运营风险。

通过这种稳健的策略，特斯拉汽车公司逐步解决了产能"瓶颈"问题，实现了规模化生产和市场份额的快速增长。特斯拉汽车公司的成功经验表明，在面对市场需求增长时，企业通过"知止"策略，逐步推进扩展计划，才能实现长期稳定的发展。

案例九：星巴克咖啡公司的全球化策略

星巴克在全球咖啡市场中的成功，得益于其独特的品牌文化和全球化策略。在全球扩展过程中，星巴克咖啡公司始终坚持"知止"的原则，根据不同市场的文化和消费习惯，采取灵活的运营策略。面对中国市场的巨大潜力，星巴克咖啡公司通过与本地合作伙伴的合作，逐步扩大门店网络，避免了因盲目扩展带来的风险。

同时，星巴克咖啡公司在全球其他市场的扩展中，也根据当地市场的特点，调整产品和服务，以适应不同消费者的需求。通过这种"知止"策略，星巴克咖啡公司在全球市场中取得了显著的成就，成为全球咖啡文化的代名词。

通过以上多个成功案例的分析，我们可以看到，"知止"策略在现代企业中的广泛应用和重要性。这些企业在面对市场挑战和机遇时，保持自己的步调，通过稳健的战略调整，避免了因盲目冒进而导致的风险，确保了长期的稳健发展。

第五章

智谋与谋略

"小智惟谋"的定义与危害

在现代商业环境中，智谋与谋略是企业和个人成功的关键。然而，"聪明反被聪明误"的现象也时有发生，这正是"小智惟谋"的体现。理解"小智惟谋"的定义与危害，对企业和个人在追求成功的道路上有着深刻的警示作用。

小智惟谋，顾名思义，是指那些忽视长远战略和整体利益，运用小聪明进行短期利益的谋划行为。这种行为往往表现为对局部问题的过度关注和应对，却缺乏全局观和长远的规划。小智惟谋者通常过于相信自己的聪明才智，认为通过一时的巧计和谋划便可解决问题。然而，现实往往证明，这种短视行为最终会导致更大的问题和失败。

首先，小智惟谋的危害体现在战略层面的短视性上。企业在制定战略时，需要综合考虑市场环境、竞争态势、资源配置等多方面因素，制定出具有前瞻性的长远战略。然而，小智惟谋者往往只关注当前的得失，忽视了长远利益和全局布局。例如，一些企业在市场竞争中，为了迅速占领市场份额，采取低价策略或激进的市场推广手段，虽然短期内会吸引大量客户，但长久下去，低利润率和高成本的投入会拖垮企业的财务，最终导致市场份额的丧失和企业的衰败。

其次，小智惟谋的危害还体现在资源的浪费和错配上。企业资源是有限的，如何合理配置和利用资源，是企业成功的关键。然而，小智惟谋者往往在资源配置上过于注重眼前的利益，忽视了资源的长远利用价值和整体效益。这种短视行为导致资源的浪费和错配，在这种情况下，企业难以形成有效的竞争优势，其长期发展也必然会受到制约。例如，一些企业在新产品开发中过于追求短期的市场热点，投入大量资源进行研发和推广，结果市场反应平淡，产品生命周期短暂，导致大量资源浪费。相反，如果企业能从长远战略出发，科学规划研发和市场推广，可能会取得更为持久的竞争优势和市场地位。

最后，小智惟谋还会带来企业文化和团队士气的负面影响。企业文化是企业持续发展的重要支撑，而小智惟谋者往往会忽视企业文化的建设，注重通过个人聪明才智来获取短期利益。这种行为容易在企业内部形成投机取巧的风气，影响团队的士气和凝聚力。团队成员可能因为看不到企业的长远发展前景和稳定的工作环境而失去信心，进而影响整体工作效率和创新能力。例如，在一些企业中，管理层过于注重短期绩效指标，通过频繁的短期激励手段来刺激员工的工作积极性，虽然短期内可能有效，但长期来看，员工可能会因为缺乏安全感和归属感而逐渐失去工作的动力和创造力，从而使企业的整体创新能力和竞争力受到影响。

更为严重的是，小智惟谋还会导致企业在市场中的信誉受损。在现代商业环境中，企业信誉是非常宝贵的无形资产。然而，小智惟谋者往往为了短期利益，不惜采用各种不正当手段，如虚假宣传、低质高价等，这些行为虽然可能在短期内带来一定的收益，但从长远来看，会严重损害企业的信誉和品牌形象。一旦消费者对企业失去信任，企业将面临巨大的市场危机，重新建立信誉将付出高昂的代价。例如，一些企业为了迅速占领市场，采取夸大宣传的手段，最终产品质量不达标，引发大量消费者投诉和信任危机，企业的市场形象和品牌价值一落千丈。

小智惟谋的危害还体现在企业对外部环境的应对上。在现代商业环境中，企业面临的不确定因素很多，如市场变化、技术进步、政策变动等。小智惟谋者往往只关注眼前的变化，缺乏对外部环境的深刻洞察和预判，导致企业在应对外部环境变化时措手不及。例如，一些企业在市场扩展中，忽视了对政策环境的研究和分析，盲目进入某些市场，结果因政策变化导致巨大的损失从而退出市场。相反，如果企业能够从长远战略出发，深入研究和分析外部环境的变化趋势，提前做好应对准备，将能够更好地应对不确定性，保持竞争优势。

在个人层面，小智惟谋的危害同样显著。许多人在职场中，为了迅速升职和加薪，通过各种手段获取短期利益，忽视了个人能力和素质的提升。这种行为虽然可能在短期内会带来一些好处，但从长远来看，个人的发展将受到限制。例如，一些职场新人通过迎合上司、打压同事等手段，迅速获得了职位提升，但由于缺乏真实能力和经验，最终在更高职位上难以胜任，导致个人职业生涯的停滞甚至倒退。相反，如果个人能够从长远职业规划出发，注重自身能力和素质的提升，通过不断学习和积累经验，最终将获得更加稳定和持久的职业发展。

谋略的历史与发展

在探讨了"小智惟谋"的定义与危害之后,我们可以更深入地理解谋略在企业管理和个人职业发展中的重要性。为了全面了解谋略的本质及其在现代商业环境中的应用,有必要回顾谋略的历史与发展。通过对历史上的著名谋略家和重要事件的分析,我们可以借鉴其智慧,避免小智惟谋的陷阱,提升我们的战略眼光和决策能力。

谋略的历史可以追溯到古代中国,作为智慧和策略的结晶,谋略在古代军事、政治和经济领域都发挥了重要作用。《孙子兵法》是古代谋略的经典之作,被誉为世界上最早、最全面的军事理论书籍。书中提到了"知彼知己,百战不殆"的原则,强调对敌我双方情况的全面了解和准确判断。这种谋略思想不仅在古代军事中广泛应用,也对后世的商业和管理产生了深远影响。通过学习和应用孙子的谋略思想,企业可以在市场竞争中准确地把握时机,制定合理的战略,避免短视行为和盲目决策。

除了《孙子兵法》,《三十六计》也是古代中国一部重要的谋略著作。《三十六计》通过具体的计谋和策略,详细阐述了在不同情境下应采取的行动方针。这些计谋不仅在古代军事中发挥了重要作用,也为现代企业提供了丰富的战略参考。例如,《三十六计》中的"借刀杀人""瞒天过海"等计策，在现代商业竞争中常被用于市场策略和应对竞争对手中。通过学习和应用这些谋略，企业可以更灵活地应对市场变化，避免因盲目冒进而陷入困境。

除了中国，古希腊和罗马的军事和政治谋略也对后世产生了深远影响。希腊历史学家修昔底德在其著作《伯罗奔尼撒战争史》中，详细记录了公元前5世纪希腊城邦之间的战争以及背后的政治斗争，提出了许多现实主义的战略思想。尽管修昔底德在《伯罗奔尼撒战争史》中并未明确提出"权力平衡"理论，但他对权力、利益和恐惧等核心问题的深入探讨，为后世国际关系理论的发展奠定了基础，并在之后的学术研究中演变为"权力平衡"理论。该理论主张通过维持各国间力量的相对平衡，防止任何一方过度强大，从而避免大规模冲突和战争的爆发。通过借鉴修昔底德的战略思想，企业可以在市场竞争中更好地理解竞争对手的动向，制定合理的竞争策略，避免因小智惟谋而陷入恶性竞争。

罗马帝国时期，政治家和军事将领们也提出了许多重要的谋略思想。尤利乌斯·恺撒作为罗马历史上著名的军事将领之一，其军事战略和政治谋略被后世广泛研究和借鉴。恺撒在其著作《高卢战记》中，详细记录了其在高卢战争中的战略和战术，包括如何通过分化敌人、利用地形优势等手段取得战场上的胜利。这些谋略思想不仅在古代军事中具有重要价值，也为现代企业在市场竞争中提供了丰富的战略参考。例如，企业在市场扩展中，可以通过细分市场、分化竞争对手等策略，逐步扩大市场份额，避免因盲目扩展而陷入困境。

近现代时期，谋略在军事和商业领域的发展更加迅速。在"二战"时，盟军和轴心国之间的战略博弈成为经典的军事谋略研究案例。例如，诺曼底登陆作为"二战"中的关键战役，盟军通过周密的计划和精准的执行，成功实施了这一复杂的军事行动。盟军在制订诺曼底登陆计划时，充分考虑了敌我双方的力量对比、地形条件、后勤保障等多方面因素，最终取得了战役的胜利。这一成功案例展示了谋略在现代军事中的重要性，也为现代企业在制订战略计划时提供了宝贵的借鉴。例如，企业在进行市场进入或产品发布时，可以通过详细的市场调研和周密的计划，确保行动的成功，避免因盲目决策而导致的失败。

在商业领域，谋略的发展同样迅速。20世纪以来，随着全球化和信息技术的发展，企业面临的市场环境更加复杂，竞争更加激烈。许多著名的企业家和管理学者提出了许多重要的战略思想，对现代企业的管理和发展产生了深远影响。迈克尔·波特作为战略管理领域的先驱，其提出的"五力模型"成为企业战略分析的重要工具。波特通过对行业竞争结构的深入分析，帮助企业识别和应对市场竞争中的关键因素，制定合理的竞争策略。通过学习和应用波特的战略思想，企业可以更好地理解市场环境，制定科学合理的战略，避免因小智惟谋而陷入困境。

此外，亨利·明茨伯格的"战略形成模式"理论，强调战略的形成是一个复杂的动态过程，需要综合考虑外部环境、内部资源和管理者的直觉判断。明茨伯格通过对战略形成过程的深入研究，提出了多种战略形成模式，包括计划模式、适应模式、企业家模式等，帮助企业在不同环境下灵活应对市场变化，制定合理的战略。通过学习和应用明茨伯格的战略思想，企业可以在复杂多变的市场环境中保持竞争优势，避免因盲目追求短期利益而陷入困境。

随着信息技术和大数据的发展，现代谋略在数据分析和智能决策方面也取得了重要进展。通过大数据分析，企业可以更准确地了解市场需求和竞争对手的动态，制定更为精准的战略。例如，亚马逊通过大数据分析，精准预测用户需求，优化库存管理和物流配送，实现了高效的供应链管理和用户体验提升。通过学习和应用现代数据分析技术，企业可以在市场竞争中更好地把握时机，制定科学合理的战略，避免因小智惟谋而陷入困境。

综上所述，谋略作为智慧和策略的结晶，其历史发展和重要案例为现代企业提供了丰富的战略参考和宝贵的借鉴。从古代的《孙子兵法》和《三十六计》，到近现代的军事战略和商业战略，谋略的智慧始终贯穿其中。

通过深入学习和应用这些谋略思想，企业可以在市场竞争中保持冷静和理性，避免小智惟谋的短视行为，制定科学合理的长远战略，实现持续稳健的发展。无论是在军事、政治，还是商业领域，谋略的智慧都在不断演进和发展，为我们提供了丰富的理论基础和实践指导。未来，随着技术的进步和市场环境的变化，谋略将继续发挥其重要作用，帮助企业在复杂多变的商业世界中找到最佳的生存和发展之道。

现代经营中的谋略应用

现代经营中的谋略应用，是企业在复杂多变的市场环境中获取竞争优势、实现长期发展的关键。在这一节中，我们将通过多个实际案例探讨谋略在企业管理中的具体应用。

现代经营中的谋略应用主要体现在企业战略的制定和实施上。企业战略是企业在市场竞争中立于不败之地的根本，它决定了企业资源的配置方向和未来的发展路径。以苹果公司为例，苹果公司在进入智能手机市场时，面对强大的竞争对手和技术挑战，采用了差异化战略，通过创新设计和用户体验的提升，成功推出了 iPhone 系列产品。苹果公司在制定这一战略时，充分考虑了市场需求和技术趋势，抓住了移动互联网发展的机遇，实现了产品的成功。这一案例展示了谋略在企业战略制定中的重要性，通过对市场环境的深刻洞察和科学的决策，企业可以找到最佳的竞争策略，避免盲目跟风和短视行为。

现代经营中的谋略应用还体现在市场竞争中的灵活应对上。企业在市场竞争中，面对不同的竞争对手和市场变化，需要灵活调整策略，保持竞争优势。以谷歌公司为例，谷歌公司在搜索引擎市场上取得成功后，面对其他互联网公司的竞争，积极拓宽新业务领域，包括移动操作系统、云计算和人工智能等。谷歌公司通过多元化战略，避免了过度依赖单一业务的风险，增强了整体竞争力和市场地位。通过这种灵活应对的谋略应用，谷歌在激烈的市场竞争中保持了持续增长，实现了业务的多元化和创新。

企业对外部环境的预判和应对，也是现代经营谋略的重要方面。企业面临的市场环境充满了不确定性，如何准确预判外部环境的变化，及时调整策略，是企业成功的关键。以特斯拉公司为例，特斯拉在电动汽车市场的成功，离不开其对政策环境和市场趋势的准确预判。特斯拉通过提前布局电动汽车技术，积极响应各国政府的环保政策，抓住了市场机遇，快速占领了市场份额。特斯拉在面对外部环境变化时，凭借科学的谋略和灵活的应对方式，实现了企业的快速发展并取得了市场的领先地位。

在内部管理层面，现代经营中的谋略同样也不可或缺。企业内部管理的效率和质量，直接影响到企业的竞争力和可持续发展。通过科学的管理谋略，企业可以优化资源配置，提高运营效率，增强竞争优势。以亚马逊为例，亚马逊通过先进的物流和供应链管理系统，实现了高效的库存管理和快速的订单处理。亚马逊在内部管理中的谋略应用，不仅提高了运营效率，还提升了用户体验，增强了市场竞争力。通过这种内部管理的优化，企业可以在激烈的市场竞争中保持优势，实现持续的稳健发展。

在创新管理层面，现代经营中的谋略发挥着不可替代的作用。创新是企业发展的动力，但盲目的创新可能带来巨大的风险。企业需要通过科学的谋略，合理规划创新方向和资源投入，实现可持续的创新发展。以华为公司为例，华为在通信技术领域的成功，离不开其对创新的科学管理。华为通过持续的研发投入和技术积累，在5G技术上取得了突破，确立了全球领先地位。华为在创新管理中的谋略应用，通过科学规划和资源配置，避免了盲目追求短期创新的风险，实现了技术的持续突破和市场的稳健发展。

在企业文化和团队建设中，现代经营谋略为企业的稳健发展打下了坚实的基础。企业文化是企业持续发展的重要支撑，通过科学的文化建设和团队管理，企业可以增强内部凝聚力和竞争力。以美团为例，美团通过组织有效的团建活动，如户外拓展、团队建设工作坊、体育竞技活动和志愿服务活动，增强员工之间的信任、协作和沟通能力，从而在团队中间形成了一种有问题一起想办法、有困难一起攻克的文化氛围。此外，美团还通过"老带新"的导师制度建设促进新员工成长，有力提升了新员工的归属感和工作积极性，进一步增强了团队的凝聚力，提高了工作效率。

在全球化背景下，企业的国际化战略同样需要谋略的支撑。随着全球化的发展，企业面临的市场环境越来越复杂，如何制定和实施国际化战略，是企业成功的关键。以星巴克咖啡公司为例，星巴克在全球市场的成功，离不开其科学的国际化谋略。星巴克在进入不同国家市场时，通过深入研究当地文化和消费习惯，采取本地化运营策略，成功打开了国际市场。通过这种国际化战略的谋略应用，星巴克在全球范围内建立了强大的品牌影响力，实现了持续的市场扩展和业务增长。

当企业的经济利益与社会利益冲突时，企业对社会责任的承担是现代经营谋略的重要体现。企业在追求经济利益的同时，还需要积极承担社会责任，赢得社会的认可和支持。以雀巢公司为例，雀巢公司通过一系列社会责任活动，包括环保、公益和社区建设，树立了良好的企业形象，增强了品牌美誉度。雀巢公司在社会责任中的谋略应用，通过积极履行社会责任，赢得了消费者的信任和支持，为企业的可持续发展奠定了坚实的基础。

案例分析：大智知止与小智惟谋的对比

在现代商业环境中，"大智知止"与"小智惟谋"不仅代表了两种不同的智慧，也体现了企业在战略选择和经营管理中的不同态度和方式。为了更好地理解这两者的区别及其对企业发展的影响，本节将通过对多个案例进行分析，展示"知止"与"惟谋"在实际经营中的具体表现，并通过情景设定进行深入分析。

我们来分析"大智知止"的成功案例。"大智知止"强调在战略决策中保持理性和长远眼光，知道何时停止。一个典型的案例是微软在云计算领域的战略调整。微软早期主要依赖操作系统和办公软件的销售，但随着市场环境的变化和云计算的崛起，微软决定逐步转型，进军云计算领域。面对市场的巨大潜力和激烈的竞争，微软并没有急于全面扩展，而是采取了稳步推进的策略，通过不断完善 Azure 云服务，逐步提升市场份额。微软的这一策略显示了"大智知止"的智慧，通过合理规划和逐步推进，微软成功在云计算市场中占据了一席之地。

与之相对的是"小智惟谋"的典型案例。诺基亚公司在智能手机市场的失败，就是一个典型的"小智惟谋"的例子。诺基亚公司曾是全球最大的手机制造商，但在智能手机时代来临之际，诺基亚公司未能及时调整战略,继续依赖其在功能手机市场的优势。尽管诺基亚公司也推出了自己的智能手机,但由于战略上的短视和对市场变化的忽视,未能抓住智能手机的市场机遇,最终被市场淘汰。诺基亚的失败显示了"小智惟谋"的危害,过于依赖已有的成功经验和短期利益,缺乏长远眼光和适时调整,最终导致企业在市场竞争中失利。

接下来,我们通过情景设定来进一步分析"大智知止"与"小智惟谋"的对比及其对企业发展的影响。

情景设定:两家科技公司的战略抉择

假设有两家科技公司,A 公司和 B 公司,分别面临市场扩展和技术创新的战略选择。

A 公司是一家成立不久的科技公司,专注于人工智能技术的开发。面对人工智能技术的快速发展和巨大的市场机遇,A 公司没有急于求成,而是展现出"大智知止"的智慧。A 公司对当前市场环境进行了全面而深刻的分析,认识到盲目扩展可能会导致资源分散和核心竞争力的削弱。基于此,A 公司决定采取"以点带面"的稳步推进策略。它聚焦于一个具有高增长潜力的细分领域,将研发和推广资源集中于此,以迅速建立技术壁垒和品牌影响力。

与此同时,A 公司还构建了一套完善的内部机制,包括高效的资源调配系统和灵活的风险管控体系,确保每一项战略决策都经过充分论证,能够为长远发展服务。即便在扩展过程中面对新的机遇,A 公司也能保持理性判断,不轻易偏离既定的战略方向。这种"大智知止"的策略,不仅帮助 A 公司稳步扩大市场份额,还显著提升了其在业内的口碑和地位,逐渐从一家初创公司成长为行业中的重要参与者。

B公司则是一家老牌科技公司，拥有丰富的市场经验和技术积累。面对新技术的快速发展和市场变化，B公司决定快速扩展其业务领域，试图通过抢占市场先机获得竞争优势。B公司在未进行充分调研和准备的情况下，盲目进入多个新兴市场，投入大量资源进行研发和市场推广。然而，由于缺乏系统的规划和有效的风险控制，B公司的扩展计划接连受挫，资源被分散，管理难度增加，最终导致市场表现不佳，财务状况恶化。这种"小智惟谋"的策略，使B公司在追求短期利益的过程中，忽视了长远的战略规划和风险管理，最终陷入困境。

通过这两家科技公司的战略抉择对比，我们可以清楚地看到"大智知止"与"小智惟谋"在企业战略选择中的不同表现及其结果。"大智知止"强调在战略决策中注重长远规划和风险控制，避免盲目扩展带来的风险；而"小智惟谋"则过于注重短期利益和快速扩展，缺乏系统的规划和风险管理，最终导致失败。

这种对比也启示我们，在现代商业环境中，企业要想获得长期的成功和稳定发展，必须具备"大智知止"的智慧。通过合理规划和稳步推进，企业可以在复杂多变的市场环境中保持竞争优势，实现可持续的发展。同时，企业还需要建立完善的风险管理机制，确保每一步扩展和创新都在可控范围内，避免因盲目冒进而导致失败。

此外，这种对比还告诉我们，企业在追求成功的过程中，必须时刻保持对市场环境和自身能力的深刻洞察和理性判断。通过科学的决策和有效的执行，企业可以在激烈的市场竞争中找到最佳的生存和发展之道。无论是通过创新技术、市场扩展，还是内部管理优化，企业都应将"大智知止"作为核心理念，确保每一步都走得稳健扎实。

总结来说,"大智知止"与"小智惟谋"的对比,不仅为我们揭示了两种不同智慧在企业经营中的表现及其结果,也为现代企业提供了宝贵的战略参考和借鉴。

第六章

经营学中的博弈论

博弈论的基本概念

在现代经营学中，博弈论作为一个重要的理论工具，已经被广泛应用于企业的战略决策和市场的竞争分析。博弈论不仅帮助企业理解竞争对手的行为和市场动态，还为制定有效的竞争策略提供了科学依据。要全面了解博弈论在经营学中的应用，就需要掌握博弈论的基本概念。

博弈论是一门研究博弈者（也称"决策者"）在相互依赖和相互影响的情况下，如何选择最优策略的科学。博弈论的基本单位是"博弈"，即由博弈者、策略和支付构成的一个决策过程。在一场典型的博弈中，博弈者根据自身的利益和对其他博弈者行为的预测，选择相应的策略，从而实现最优的结果。

我们来介绍博弈论的几个基本概念。博弈者是指参与博弈的决策者，可以是个人、公司或国家等任何有自主决策权的实体。每个博弈者都有自己的目标和利益，希望通过博弈过程实现这些目标。策略是指博弈者在博弈过程中可以选择的行动方案，是实现目标的手段。每个博弈者在不同情景下可能有多种策略选择，不同的策略组合会导致不同的博弈结果。支付是指博弈者在博弈结束时所获得的收益或损失，是博弈结果的量化表现。支付不仅取决于博弈者自身的策略选择，还受到其他博弈者策略选择的影响。

博弈论中的核心概念是纳什均衡。纳什均衡是指在一场博弈中，当所有博弈者都选择了最优策略后，任何一个博弈者都没有动机单方面改变自己的策略，从而实现一个稳定的状态。在纳什均衡状态下，每个博弈者都对其他博弈者的策略有正确的预期，并根据这一预期选择了最优策略。纳什均衡的存在性和稳定性，使其成为博弈论中分析和预测博弈结果的重要工具。

在理解纳什均衡的应用之前需要了解不同类型的博弈。博弈可以分为合作博弈和非合作博弈。合作博弈是指博弈者可以通过协商和合作，共同制定策略以实现共同利益。非合作博弈则是指博弈者各自独立决策，追求自身利益的最大化。在非合作博弈中，纳什均衡是分析和预测博弈结果的主要方法之一。

以市场竞争为例，企业在市场中扮演博弈者的角色，竞争策略则是其在市场中的行动方案。假设有两家竞争对手，A公司和B公司，它们在市场上推出了相似的产品。每家公司都有两种策略选择：降价或者维持价格。降价策略可能增加市场份额，但会降低利润；维持价格策略则有可能保持利润，但可能会失去部分市场份额。在这种情况下，A公司和B公司都会根据对方的策略选择来决定自己的策略，以实现利润最大化。

如果A公司认为B公司会降价，A公司可能也会选择降价，以免失去市场份额；如果A公司认为B公司会维持价格，A公司可能也会选择维持价格，以保持利润。这种相互依赖和相互影响的决策过程，最终会达到一个稳定的状态，即纳什均衡。在纳什均衡状态下，A公司和B公司都选择了最优策略，任何一方都没有动机单方面改变策略，因为这样做不会带来更高的收益。

博弈论中的另一个重要概念是零和博弈和非零和博弈。零和博弈是指一个博弈者的收益完全等于另一个博弈者的损失，即总收益为零。在零和博弈中，博弈者之间的利益完全对立，任何一方的收益都意味着另一方的损失。相反，非零和博弈是指博弈者的收益和损失不完全对立，总收益可以是正数或负数。在非零和博弈中，博弈者可以通过合作实现共赢，或者通过非合作博弈实现不同程度的收益。

例如，在供应链管理中，供应商和零售商之间的博弈通常属于非零和博弈。供应商希望通过提高产品价格来获得更多利润，而零售商则希望通过降低采购价格减少成本。通过协商和合作，供应商和零售商可以达成共赢的协议。例如，供应商提供一定的折扣，零售商增加采购量，从而实现双方利益的最大化。这种非零和博弈中的合作策略，使得博弈者在竞争中也能实现共赢。

博弈论涉及动态博弈和静态博弈。静态博弈是指博弈者同时选择策略，决策过程一次性完成，博弈结果立即显现。动态博弈是指博弈者在多个时间阶段内逐步选择策略，决策过程具有连续性和互动性。在动态博弈中，博弈者不仅要考虑当前的策略选择，还要预见未来各阶段的策略变化和对方的反应。

以企业研发竞争为例，企业在研发新产品时需要进行长期投入和战略规划。在这个过程中，企业不仅要考虑当前的研发投入，还要预见未来市场的需求和竞争对手的研发进展，逐步调整研发策略。通过动态博弈分析，企业可以在不确定性中找到最佳研发路径，确保在市场竞争中保持技术领先并激发创新能力。

博弈论涵盖了完全信息博弈和不完全信息博弈。完全信息博弈是指博弈者对所有参与者的策略和支付函数完全了解，决策过程透明公开。不完全信息博弈是指博弈者对其他参与者的策略和支付函数有部分或完全未知的信息，需要通过推测和信息获取来进行决策。

例如，在并购谈判中，收购方和被收购方之间的信息不对称往往导致决策的不确定性。收购方可能不了解被收购方的真实财务状况和市场潜力，需要通过尽职调查和信息披露来获取更多信息，从而做出合理的并购决策。通过博弈论分析，收购方可以在不完全信息的情况下，设计合理的谈判策略和报价方案来提高并购成功的概率。

在理解博弈论基本概念的基础上，我们可以更好地应用这些理论工具来分析企业经营中的实际问题。通过博弈论的分析，企业可以预见市场竞争中的可能行为和结果，制定科学合理的竞争策略，避免因盲目决策和短视行为而陷入困境。例如，在价格竞争、市场进入、创新研发、供应链管理等方面，企业都可以通过博弈论的分析，找到最佳的策略组合，实现长期稳健的发展。

博弈论在经营中的应用

在理解了博弈论的基本概念后，我们可以更深入地探讨博弈论在现代经营中的实际应用。博弈论不仅为企业提供了分析竞争对手和市场环境的工具，还帮助企业在复杂多变的商业环境中制定科学合理的战略决策。通过具体案例分析和情景设定，我们将展示博弈论在价格竞争、市场进入、合作策略、谈判、创新和风险管理等方面的广泛应用。

首先，博弈论在价格竞争中的应用非常广泛。企业在市场竞争中，常常需要决定产品的定价策略，而这一决策通常受到竞争对手定价策略的影响。假设有两家竞争对手，A 公司和 B 公司，它们在同一市场上销售相似的产品。A 公司和 B 公司都面临定价的选择：高价或低价。如果两家公司都选择高价，它们都能获得较高的利润；如果都选择低价，虽然市场份额会增加，但利润率会下降；如果一家公司选择高价，另一家公司选择低价，选择低价的一方将获得更多的市场份额，而选择高价的一方将失去市场份额。通过博弈论中的纳什均衡分析，A 公司和 B 公司可以找到一个稳定的定价策略组合，使得任何一方都没有动机单方面改变策略。通过这种分析，企业可以更好地预测竞争对手的行为，制定最优定价策略。

其次，博弈论在市场进入中的应用也非常重要。企业在决定进入新市场时，需要考虑竞争对手的反应和市场环境的变化。假设有一家新兴公司 C，计划进入一个由老牌公司 D 主导的市场。C 公司可以选择进入市场或不进入，而 D 公司可以选择欢迎新竞争者或采取激烈的竞争策略。如果 C 公司进入市场，D 公司采取激烈的竞争策略，C 公司可能会面临巨大的压力和风险；如果 D 公司选择欢迎新竞争者，C 公司可以顺利进入市场并获得一定的市场份额。通过博弈论中的动态博弈分析，C 公司可以预测 D 公司的反应，决定是否进入市场以及采取何种进入策略，从而降低进入风险，提高成功的概率。

博弈论在合作策略中的应用同样具有重要意义。企业在市场竞争中，除了相互竞争外，还可以通过合作实现共赢。例如，两家公司 A 和 B 可以选择合作开发新产品或各自独立开发。如果合作，双方可以共担研发成本、共享技术成果，从而降低风险和成本，提高新产品的成功率；如果各自独立开发，虽然可能保留更多的技术秘密，但成本和风险也会增加。通过博弈论中的合作博弈分析，A 公司和 B 公司可以评估合作与独立开发的利弊，制定合理的合作策略，实现共赢。

在谈判中，博弈论也有广泛应用。企业在并购、合同签订和商业合作谈判中，需要制定合理的谈判策略，以达到最优结果。假设有一家收购公司 E 和一家被收购公司 F，双方需要就收购价格进行谈判。E 公司希望以较低价格收购，而 F 公司希望以较高价格出售。通过博弈论中的谈判博弈分析，E 公司和 F 公司可以找到一个双方都能接受的价格，使得谈判成功并实现双赢。在谈判过程中，双方可以通过信息披露和策略调整，逐步接近纳什均衡，取得最优谈判结果。

博弈论在创新中的应用也非常显著。企业在进行技术创新和新产品开发时，需要考虑竞争对手的创新策略和市场需求变化。假设有两家竞争对手G公司和H公司，它们都在研发新一代技术产品。G公司和H公司可以选择加大研发投入或保持现有投入。如果双方都加大投入，新技术可能就会更快实现，但研发成本也会增加；如果都保持现有投入，虽然成本较低，但可能会错失市场机遇。如果一家公司加大投入，而另一家公司保持现有投入，前者可能会占据技术领先地位，后者则可能被市场淘汰。通过博弈论中的动态博弈分析，G公司和H公司可以预测对方的研发策略，制定合理的创新策略，实现技术领先和市场成功。

最后，博弈论在风险管理中的应用也非常重要。企业在经营过程中，需要应对各种不确定性和风险，通过博弈论的分析，可以制定有效的风险管理策略。假设有一家金融公司I和一家保险公司J，它们需要合作开发一款新的金融保险产品。I公司可以选择承担较高的风险，以获得更高的收益；J公司则希望通过合理的风险分散，降低整体风险。通过博弈论中的不完全信息博弈分析，I公司和J公司可以在风险和收益之间找到最佳平衡点，制定合理的合作协议，实现风险的有效管理和收益的最大化。

综上所述，博弈论在现代经营中的应用非常广泛，为企业在价格竞争、市场进入、合作策略、谈判、创新和风险管理等多方面提供了科学的分析工具和决策依据。通过博弈论的分析，企业可以更好地理解竞争对手的行为和市场环境，制定最优的战略决策，避免盲目决策和短视行为，实现长期稳健的发展。在价格竞争中，企业可以通过博弈论找到稳定的定价策略组合；在市场进入中，企业可以预测竞争对手的反应，降低进入风险；在合作策略中，企业可以评估合作与独立开发的利弊，实现共赢；在谈判中，企业可以制定合理的谈判策略，达到最优结果；在创新中，企业可以预测对手的研发策略，制定合理的创新策略；在风险管理中，企业可以在风险和收益之间找到最佳平衡点，实现风险的有效管理和收益的最大化。

未来，随着市场环境的不断变化和技术的进步，博弈论在企业经营管理中的应用将继续深化和拓展，为企业的战略决策和竞争分析提供更加丰富的理论支持和实践指导。

"知止"与博弈论的结合

在现代经营环境中,企业不仅需要具备战略决策的智慧,还需要在复杂多变的市场中灵活应对竞争和风险。"知止"与博弈论作为两种重要的理论工具,能够帮助企业在制定和执行战略时保持冷静和理性,从而实现长期稳健的发展。将"知止"与博弈论结合起来,可以为企业提供更加全面和深刻的战略指导。

我们先来探讨"知止"与博弈论结合的基础。"知止"的核心是强调在战略决策中保持理性和长远眼光,知道在恰当的时间停止,博弈论则通过分析博弈者在相互依赖和相互影响的情况下如何选择最优策略,为企业提供科学的分析工具和决策依据。将"知止"与博弈论结合起来,可以帮助企业在战略决策中既能保持长远的视野,又能通过科学的分析和预测,灵活应对市场变化和竞争对手的行为。

在价格竞争中,"知止"与博弈论的结合能够帮助企业优化价格战策略。假设有两家竞争对手,M公司和N公司,在科技产品领域展开激烈竞争。M公司可以选择通过降低价格吸引更多顾客,而N公司可能通过保持高价策略以维护品牌形象。通过博弈论的分析,两家公司可以找到价格之间的微妙平衡,但"知止"提醒企业在追求竞争优势时应避免过度压缩利润率,保持对市场需求的准确判断，最终使得双方在竞争中获益，而不是双双陷入价格战泥潭。

在市场进入策略中，P公司作为一家新创企业准备进入某个由老牌公司Q公司垄断的智能设备市场。P公司需要决定是否采用突破性技术以迅速切入市场，而Q公司则需要考虑如何应对这一新挑战。通过博弈论的分析，P公司可以预测Q公司可能采取的防御性措施，而"知止"的理念则提醒P公司不要冒险进入高壁垒市场，尤其是在自身资源有限的情况下，保持谨慎，以减少潜在风险和资源浪费。

在合作策略中，"知止"与博弈论的结合能够帮助企业实现更高效和共赢的合作。假设两家公司E和F考虑合作开发新产品。E公司和F公司都希望通过合作共享资源和技术，降低成本和风险。通过博弈论分析，E公司和F公司可以评估合作与独立开发的利弊，制定合理的合作策略。然而，"知止"的理念提醒企业在合作中要保持对合作风险和自身利益的理性判断，避免因盲目追求合作而忽视可能的风险。通过"知止"与博弈论的结合，E公司和F公司可以在合作中找到最佳的策略组合，实现资源共享和风险共担，确保合作的成功和共赢。

在谈判策略中，"知止"与博弈论的结合可以帮助双方达成最佳协议。假设一家能源公司X正在与政府部门Y谈判一项能源开发协议。X公司希望争取更大的开发区域，而政府部门Y则希望降低环境影响。博弈论提供了双方可能妥协的路径，而"知止"的理念提醒X公司在谈判中不要过度争取短期利益，考虑到长期合作的可持续性，从而在合作中达到平衡，实现共赢。

在创新策略中，"知止"与博弈论的结合能够帮助企业在技术创新和新产品开发中保持理性和科学规划。假设Z公司正在研发一款人工智能驱动的医疗设备，与另一家竞争对手 O 公司展开竞赛。博弈论分析可以帮助两家公司评估研发投入与市场时间的关系，然而"知止"提醒 Z 公司避免因过度追求市场领先而忽视技术的稳定性和市场需求的匹配度，最终实现创新与市场的双重成功。

在金融公司 V 和大型跨国公司 W 的合作中，V 公司可以选择高风险投资组合以获取高回报，而 W 公司则希望通过保守策略保护股东利益。通过博弈论的分析，两者可以在收益和风险之间找到一个平衡点，但"知止"的理念提醒双方不要被短期利益吸引，而应关注长期的风险管理策略，避免在未来承担不可控的财务损失。

案例分析：博弈中的"知止"之道

在现代商业环境中，"知止"与博弈论结合的应用不仅能够帮助企业在市场竞争中寻得平衡，还能够指导企业在复杂的决策过程中找到最佳的行动路径。通过具体案例分析，我们可以更好地理解如何在实际经营中应用博弈中的"知止"之道，实现企业的长期稳健发展。

案例一：苹果公司与三星集团的专利战

苹果公司与三星集团之间的专利战是现代商业博弈中的经典案例。两家企业在全球市场上竞争激烈，彼此在智能手机和其他电子产品领域争夺市场份额。为了维护自己的市场地位，苹果公司和三星集团频繁在全球各地发起专利诉讼。然而，这场专利战不仅耗费了巨额的法律费用，还对双方的品牌形象和市场策略产生了负面影响。

面对这种情况，苹果公司和三星集团都意识到，继续进行无休止的专利战不仅耗费资源，还可能导致两败俱伤。双方最终通过谈判达成和解协议，停止了多起专利诉讼，转而在某些领域进行合作，共同推动技术创新和市场发展。这一决策体现了博弈中的"知止"之道,通过理性评估竞争和合作的利弊,苹果公司和三星集团避免了因过度竞争带来的损失,实现了战略调整和共同发展。

案例二:迪士尼公司与皮克斯动画工作室的并购

迪士尼公司与皮克斯动画工作室的并购也是博弈中"知止"之道的成功案例。在20世纪90年代,迪士尼和皮克斯在动画电影市场上展开激烈竞争。皮克斯凭借创新的动画技术和成功的电影作品,迅速崛起并成为迪士尼的重要竞争对手。面对这一局面,迪士尼并没有选择与皮克斯进行消耗战,而是通过并购的方式,实现了两家公司之间的合作与共赢。

通过并购,迪士尼公司获得了皮克斯动画工作室的创新技术和优秀的创意团队,进一步巩固了自己在动画电影市场的领导地位。而皮克斯则通过与迪士尼的合作,获得了更多的资源和市场渠道,推动了自身的发展。这一并购案例体现了博弈中的"知止"之道,果断停止了与皮克斯的竞争,转而通过合作实现了双赢。

案例三:微软与诺基亚公司的手机业务合作

微软与诺基亚公司的手机业务合作是一个在激烈市场竞争中寻找"知止"之道的典型案例。面对智能手机市场的快速崛起,诺基亚公司在市场份额和技术创新上逐渐落后。微软则希望通过进军智能手机市场,提升自身在移动设备领域的竞争力。两家公司最终决定合作，微软收购了诺基亚公司的手机业务。

然而，这次合作并没有达到预期的效果。面对苹果公司和三星集团的强大竞争，微软和诺基亚公司在市场上未能取得显著突破。微软最终决定停止手机业务的进一步扩展，转而专注于软件和云计算等核心业务。这一决策显示了微软在博弈中"知止"的智慧，通过果断调整战略，避免了在手机业务上的进一步损失，实现了资源的重新配置和战略重心的回归。

情景设定：新兴科技公司 InnoTech 的市场扩展

假设有一家新兴科技公司 InnoTech，专注于人工智能技术的开发和应用。InnoTech 在国内市场取得了一定的成功，计划进军国际市场。面对国际市场的复杂环境和强大的竞争对手，InnoTech 需要制定合理的市场扩展策略。

InnoTech 的管理层首先通过博弈论分析，预测国际市场主要竞争对手的可能反应。假设国际市场上有两家主要竞争对手 A 公司和 B 公司，InnoTech 可以选择直接进入竞争对手的核心市场，或者选择进入竞争对手市场份额较小的细分市场。通过博弈论的分析，InnoTech 可以找到最优的市场进入策略，避免直接与强大对手产生正面冲突。

通过这一情景设定，我们可以看到博弈中的"知止"之道在实际经营中的具体应用。InnoTech 通过博弈论分析竞争对手的行为，制定科学合理的市场进入策略。最终，InnoTech 在国际市场中取得了稳步扩展，实现了企业的长期稳定发展。

第七章

成功人士的"知止"实践

曾国藩的"知止"哲学

曾国藩以其深厚的儒家思想为基础,强调"知止"的重要性,并通过其一生的实践,展示了"知止"在个人成长、军事策略和治国理政中的应用。本文将深入探讨曾国藩的"知止"哲学及其在现代企业管理中的应用。

曾国藩的"知止"哲学,体现在他对自我修养和个人发展的严格要求上。曾国藩认为,一个人只有不断提升自己的道德修养和内在素质,才能在复杂多变的环境中成为中流砥柱。为此,曾国藩坚持每日反省自我,通过日记记录自己的思想和行为,以此检讨和改进。曾国藩的这一实践,不仅提升了他的个人修养,也帮助他在面对重大决策时,能够保持清醒的头脑和理性的判断。这种自我反省和不断提升的过程,正是"知止"哲学的具体体现。

曾国藩的"知止"哲学,还体现在他对军事策略的运用上。作为湘军的创始人和统帅,曾国藩在指挥湘军作战时,始终强调"适可而止",避免盲目冒进和过度扩张。在太平天国运动中,曾国藩面对强敌,采取稳扎稳打的策略,通过不断积累实力,逐步削弱敌人的力量。他深知,战争的胜利不仅依赖军事力量的对比,而且取决于战略的合理性和执行的坚决性。通过"知止"的智慧,曾国藩在军事行动中能够适时调整策略,避免了许多不必要的损失，最终取得了胜利。

在治国理政方面，曾国藩的"知止"哲学同样发挥了重要作用。作为晚清重臣，曾国藩在治理地方和辅佐朝廷时，始终保持中庸之道，避免因一时的利益驱动而做出短视的决策。曾国藩深知，国家的治理不仅在于制定和执行政策，而且在于培养和选拔有道德、有能力的官员，通过他们的努力，推动社会的长治久安。这种以长远眼光和全局观念来进行治国理政的思维，正是"知止"哲学的具体应用。

曾国藩的"知止"哲学，对现代企业管理具有重要的启示意义。在现代商业环境中，企业面临的市场竞争复杂多变，如何在这种环境中保持清醒的头脑，是企业家面临的重大挑战。通过学习和应用曾国藩的"知止"哲学，企业家可以在以下几个方面提升自身的管理能力和决策水平。

首先，企业家应注重自我修养和个人素质的提高。只有不断反省和提升自我，企业家才能在面对复杂的商业环境和重大决策时，做出正确的判断。在实际操作中，企业家可以通过学习和反思，不断提升自己的专业知识和管理能力，同时注重道德修养和个人品质的培养，做到以身作则，树立榜样。

其次，企业家在制订企业战略和经营计划时，应像曾国藩在军事策略中的做法那样，强调"适可而止"。企业在市场扩展和业务发展过程中，必须保持对市场环境和自身实力的清醒认识，通过合理规划和科学决策，逐步实现企业的发展目标。在面临激烈的市场竞争时，企业家需要像曾国藩那样，保持冷静和理性，避免因一时的冲动和盲目乐观而做出错误的决策。

在企业内部管理和团队建设方面，曾国藩的"知止"哲学也具有重要的借鉴意义。企业家在管理团队时，应注重员工的道德素质和专业能力的培养，通过提高员工的整体素质，来推动企业的健康发展。曾国藩强调"以德治国",同样,企业家也应注重"以德治企",通过建立良好的企业文化和价值观,提升员工的归属感和凝聚力,确保企业在复杂多变的市场环境中,始终保持竞争力和可持续发展能力。

曾国藩的"知止"哲学还启示企业家在处理企业危机和重大变革时,避免因一时的利益驱动而做出短视的决策。在面对市场环境的快速变化和突发事件时,应像曾国藩那样,保持对全局的清醒认识,通过科学分析和理性判断,制定合理的应对策略,确保企业在危机中能够化险为夷,稳步前行。

通过对曾国藩"知止"哲学的深入探讨,我们可以看到,"知止"不仅是一种智慧,也是一种战略和方法论。曾国藩通过自我修养、军事策略和治国理政中的"知止"实践,展示了如何在复杂多变的环境中,保持冷静和理性,做出正确的决策。现代企业家可以通过学习和应用曾国藩的"知止"哲学,在自我修养、企业战略、内部管理和危机应对等方面,提升自身的管理能力和决策水平,实现企业的长期稳健发展。

李嘉诚的经营智慧

李嘉诚的经营智慧不仅体现在他卓越的商业成就和战略决策中,还深深根植于他独特的生长环境和人生经历。这些因素塑造了他的价值观、管理风格和"知止"哲学。通过深入分析李嘉诚的生长环境,我们可以更好地理解他成功背后的原因,并从中汲取宝贵的经验和启示。

李嘉诚于1928年出生在中国广东潮州的一个教师家庭。小时候,家境清贫,他早年经历了家庭的艰辛和社会动荡。1939年,李嘉诚的家人因战乱被迫逃往香港,开始了艰难的生活。这段时期的经历深深影响了李嘉诚的性格和价值观,使他早早体会到了生活的艰辛和不确定性。

在香港,李嘉诚的父亲因病去世,年仅15岁的他被迫辍学,开始肩负起养家的重担。他在一家钟表厂当学徒,每天工作十多个小时。这段经历培养了李嘉诚吃苦耐劳的精神和坚忍不拔的品质。他明白了生存的不易,也意识到了教育和知识的重要性,这使他在以后的商业生涯中非常重视学习并且不断提升自我。

李嘉诚的生长环境不仅塑造了他坚强的意志和吃苦耐劳的精神,还使他早早就接触到了商业世界。作为一个学徒,他不仅学会了钟表制造技术,还逐渐了解了市场、客户和供应链的运作。这些早期的工作经验为他后来创业打下了坚实的基础。

20世纪40年代末，香港经济开始复苏，市场上对塑胶产品的需求逐渐增加。李嘉诚抓住了这个机会，1950年创办了长江塑胶厂，开始生产塑胶花。凭借高质量的产品和创新的设计，李嘉诚的塑胶厂迅速在市场上站稳了脚跟，并积累了第一桶金。这段创业经历不仅展示了李嘉诚的商业头脑和市场敏锐度，也体现了他的"知止"智慧：在市场波动中，李嘉诚始终波澜不惊，独善其身，稳步推进业务。

在塑胶事业取得成功后，李嘉诚将目光投向了房地产市场。20世纪60年代末，香港房地产市场开始快速发展，吸引了大量投资者。然而，李嘉诚并没有盲目跟风，而是通过深入分析市场需求和供求关系，谨慎地选择投资项目。他购买土地时坚持"地段为王"的原则，注重项目的长期价值和可持续发展。这种稳健的投资策略帮助他在房地产市场的多次波动中立于不败之地，实现了资产的稳步增值。

李嘉诚在投资策略上的"知止"智慧不仅体现在房地产领域，还展现在多元化经营中。20世纪80年代，李嘉诚开始拓宽业务领域，进军零售、能源、通信等行业。他通过收购和兼并，逐步构建起一个多元化的商业帝国。然而，李嘉诚在每一个投资决策中，始终保持着对市场的深刻洞察和理性的评估，避免了因盲目追求短期回报而陷入高风险的投资陷阱。

在企业管理方面，李嘉诚同样注重"知止"的智慧。他强调以人为本，注重员工的培养和团队的建设。他认为，企业的成功不仅在于市场份额和盈利能力，也在于企业文化和员工的凝聚力。李嘉诚通过建立完善的培训体系和激励机制，提高员工的专业素质和工作积极性，确保企业在激烈的市场竞争中始终保持竞争力。

李嘉诚的"知止"智慧还体现在他对企业社会责任的重视上。他认为，企业在追求经济利益的同时，必须承担起社会责任，为社会的进步和发展贡献力量。李嘉诚通过设立基金会和参与慈善活动，积极回馈社会，推动教育、医疗和环保事业的发展。这种社会责任感不仅提升了企业的社会形象和品牌价值，也为企业的长期可持续发展奠定了坚实的基础。

通过对李嘉诚生长环境的深入分析，我们可以看到，他的"知止"哲学不仅仅源于个人的聪明才智，更源于他独特的人生经历和深刻的社会洞察。早年的贫困和艰辛使他明白了生活的本质和生存的意义，创业过程中的挑战和机遇使他学会了如何在市场波动中放稳心态，调整步调。李嘉诚的成功不仅是商业上的辉煌成就，也是他"知止"智慧的真实写照。

现代企业家的"知止"之道

在全球商业舞台上,许多现代企业家以其独特的管理风格和卓越的战略决策,展示了"知止"的智慧。通过这些企业家的实际案例,我们可以更好地理解如何在现代商业环境中应用"知止"之道来实现企业的长期稳健发展。

案例一:布鲁内洛·库奇内利(Brunello Cucinelli)

布鲁内洛·库奇内利是意大利奢侈品牌 Brunello Cucinelli 的创始人,以其独特的企业文化和人文关怀而闻名。库奇内利的"知止"之道体现在他对企业规模和增长速度的控制上。尽管他的品牌在全球市场上受到高度赞誉,但库奇内利始终坚持小规模生产和限量供应,以确保产品的高质量和品牌的独特性。他认为,过度扩展和快速增长可能会损害品牌的核心价值和客户体验。因此,库奇内利选择在全球范围内控制开店数量,避免品牌的过度商业化。

库奇内利的"知止"之道还体现在他对员工和社区的关注上。他在意大利的索罗梅奥村建立了自己的工厂和总部，致力于提高当地居民的生活质量和工作环境。库奇内利认为，企业的成功不仅在于盈利能力，还在于对社会的贡献。他通过合理分配利润，将一部分用于改善员工福利和社区发展，实现了企业的可持续发展。

案例二：伊冯·乔伊纳德（Yvon Chouinard）

伊冯·乔伊纳德是美国户外品牌 Patagonia 的创始人，以其环保理念和可持续发展策略而著称。乔伊纳德的"知止"之道体现在他对企业规模和业务范围的限制上。尽管 Patagonia 在全球拥有大量忠实客户，乔伊纳德始终坚持不盲目扩展业务，而是专注于环保和社会责任。他提出"不要买这件夹克"的广告活动，鼓励消费者减少不必要的购买，推动可持续消费理念。

乔伊纳德的"知止"之道还体现在他对供应链和生产过程的严格控制上。Patagonia 通过选择环保材料和可持续生产的方式，减少对环境的影响。乔伊纳德认为，企业的使命不仅是盈利，还应对环境和社会负责。他通过"知止"的智慧，避免了企业在快速扩展过程中可能出现的资源浪费和环境破坏，实现了品牌的长期可持续发展。

案例三：加雷斯·凯尔纳（Gareth Kynnersley）

加雷斯·凯尔纳是英国创意咨询公司 IDEO 的合伙人之一，以其创新管理和设计思维而闻名。凯尔纳的"知止"之道体现在他对项目选择和公司规模的控制上。尽管IDEO在全球范围内拥有广泛的客户群，凯尔纳坚持只选择那些真正能够产生社会价值和推动创新的项目。他认为，过度追求业务增长可能会导致公司失去创新的核心价值。

凯尔纳的"知止"之道还体现在他对团队和企业文化的关注上。他注重培养员工的创造力和合作精神，通过建立开放和包容的工作环境，激发员工的潜力。凯尔纳认为，企业的成功不仅在于短期的商业成就，还在于长期的创新能力和团队凝聚力。他通过"知止"的智慧，实现了企业的持续创新和发展。

案例四：加斯帕尔·斯宾塞（Jasper Spencer）

加斯帕尔·斯宾塞是新西兰有机食品公司Pure Organic的创始人，以其对食品安全和环境保护的承诺而著称。斯宾塞的"知止"之道体现在他对产品质量和生产过程的严格控制上。尽管市场对有机食品的需求不断增长，但斯宾塞坚持不扩大生产规模，而是专注于确保每一批产品的高质量和纯天然成分。他认为，过度扩展生产规模可能会导致产品质量下降和品牌声誉受损。

斯宾塞的"知止"之道还体现在他对供应链和农业实践的关注上。他通过与当地有机农场合作，确保供应链的可持续性和透明性。斯宾塞认为，企业的成功不仅在于市场份额扩大和盈利能力提升，还在于对环境和社区的贡献。他通过"知止"的智慧，避免了在快速扩展过程中可能出现的资源浪费和环境破坏，实现了品牌的长期可持续发展。

情景设定：新兴环保科技公司 EcoTech 的市场扩展

假设有一家新兴环保科技公司 EcoTech，专注于开发可再生能源技术和环保产品。EcoTech 在国内市场取得了一定的成功，计划进军国际市场。面对国际市场的复杂环境和强大的竞争对手，EcoTech 需要制定合理的市场扩展策略。

EcoTech 的管理层首先通过博弈论分析，预测国际市场主要竞争对手的可能反应。假设国际市场上有两家主要竞争对手 A 公司和 B 公司，EcoTech 可以选择直接进入竞争对手的核心市场，或者选择进入竞争对手市场份额较小的细分市场。通过博弈论的分析，EcoTech 可以找到最优的市场进入策略，避免与强大对手的正面冲突。

在市场进入策略制定过程中，"知止"的理念引导 EcoTech 保持理性和冷静，避免盲目扩展带来的高风险。管理层决定采取逐步推进的策略，首先在竞争对手市场份额较小的细分市场进行试点，通过积累经验和逐步扩展，最终实现国际市场的全面覆盖。这一策略不仅降低了市场进入的风险，还为企业的长期发展提供了稳健的基础。

成功企业家的"知止"来源与传承

在全球化的现代商业环境中,企业家不仅要面对日益复杂的市场动态,还要应对迅速变化的技术和不断变化的消费者需求。成功企业家的"知止"哲学不仅仅是他们个人智慧的体现,更是他们在长期实践中积累的经验和深刻洞察。理解这些企业家的"知止"来源与传承,能够为我们提供宝贵的管理启示,帮助企业在激烈的竞争中实现稳健发展。

"知止"的来源可以追溯到多个方面,包括个人经历、家庭教育、社会环境、文化传统和专业学习等。这些因素共同塑造了企业家的思维方式和决策风格,帮助他们在关键时刻做出明智的选择。

1. 个人经历

个人经历是塑造"知止"智慧的重要来源。许多成功企业家在早年经历了贫困和艰辛,这些经历培养了他们的坚韧和耐力,同时也使他们明白了生活的本质和生存的意义。例如,李嘉诚在早年失去父亲,被迫辍学,担负起家庭的重担。这段经历不仅锤炼了他的意志,也让他深刻体会到市场的变化和不确定性,从而在商业决策中保持冷静和理性。

2. 家庭教育

家庭教育在塑造企业家的价值观和行为方式中起着重要作用。许多成功企业家从小受到家庭的严格教育，注重诚信、勤勉和责任感。这些家庭教育不仅为他们打下了坚实的道德基础，也在他们的商业实践中发挥了重要作用。例如，布鲁内洛·库奇内利在成长过程中，受到了家庭对人文关怀和社会责任的重视，这使他在经营企业时，始终关注员工福利和社区发展，体现了"知止"的智慧。

3. 社会环境

社会环境也对企业家的"知止"智慧有着深远影响。不同的社会环境提供了不同的机遇和挑战，企业家在应对这些环境时，逐渐形成了自己的"知止"哲学。在经济高速发展的时代，企业家往往面临更多的机遇和诱惑，如何在这些机遇中保持理性，避免盲目扩展，是对"知止"智慧的考验。例如，伊冯·乔伊纳德在创建 Patagonia 时，虽然面临着快速扩展的市场机会，但他坚持环保和可持续发展的理念，避免了过度商业化，成功实现了企业的长期稳健发展。

4. 文化传统

文化传统是企业家"知止"智慧的重要源泉。许多企业家在成长过程中，深受本土文化的影响，这些文化传统提供了丰富的智慧和经验，帮助他们在商业实践中保持理性和冷静。例如，中国传统文化中的"中庸之道"强调适度和均衡，这与"知止"的理念不谋而合。李嘉诚在商业决策中，常常运用这些传统智慧，避免极端行为，确保企业的可持续发展。

5. 专业学习

专业学习和知识积累是企业家形成"知止"智慧的重要途径。通过系统的学习和深刻的反思，企业家能够掌握先进的管理理论和科学的决策方法，从而在商业实践中做出理性的选择。例如，许多企业家在职业生涯中，注重学习和积累，不断提升自己的专业素养和管理能力。他们通过阅读经典著作、参加培训课程和与同行交流，逐步形成了自己的"知止"哲学。

"知止"不仅是个人智慧的一种体现，更是一种需要传承和发扬的管理理念。通过有效的传承，企业家可以将自己的"知止"哲学传递给下一代管理者，确保企业在长期发展中保持理性和稳健。

1. 企业文化的建设

企业文化是传承"知止"智慧的重要载体。通过建立和推广良好的企业文化，企业家可以将自己的价值观和管理理念渗透到企业的各个层面，使员工在日常工作中自觉践行"知止"的智慧。例如，布鲁内洛·库奇内利在企业内部推行"人文企业"理念，注重员工福利和社会责任，这不仅提升了员工的工作积极性和归属感，也确保了企业的长期稳健发展。

2. 领导力的培养

通过培养和选拔具有"知止"智慧的领导者，企业家可以将自己的管理理念传承下去。领导者在企业中发挥着重要的示范作用，他们的行为和决策方式直接影响着企业的管理风格和发展方向。例如，伊冯·乔伊纳德在 Patagonia 内部，注重培养具有环保意识和社会责任感的管理者，通过他们的努力，推动企业的可持续发展理念在更大范围内得到落实。

3. 教育与培训

通过系统的教育和培训，企业家可以将自己的"知止"哲学传递给员工和管理者，帮助他们提升专业素养和决策能力。例如，李嘉诚在长江实业集团内部，建立了完善的培训体系，通过定期的培训课程和研讨会，将先进的管理理论和科学的决策方法传授给员工和管理者，确保他们在实际工作中能够理性决策，推进公司的稳健发展。

4. 实践中的引导

在实际经营中，企业家通过言传身教，将"知止"智慧传递给员工和管理者。通过在实际项目和日常工作中的具体指导，企业家可以帮助员工理解和应用"知止"的理念，培养他们在面对复杂环境时"做自己"的能力。例如，加雷斯·凯尔纳在IDEO内部，通过参与和指导各类创新项目，将自己的"知止"智慧传递给团队成员，帮助他们在创新过程中保持理性，避免盲目追求短期成果。

5. 家族企业的传承

对于家族企业而言，"知止"哲学的传承更为重要。通过家庭教育和亲身示范，企业家可以将自己的价值观和管理理念传递给下一代，确保家族企业在长期发展中保持稳健。例如，许多家族企业通过制定家族宪法和开展家族会议，将企业的核心价值观和发展理念传递给年轻一代，帮助他们在接班后继续保持企业的"知止"智慧，实现家族企业的长期繁荣。

成功企业家的"知止"哲学不仅仅是个人智慧的体现，更是他们在长期实践中积累的宝贵经验。通过深入理解"知止"的来源与传承，我们可以更好地借鉴这些成功企业家的经验和智慧，帮助企业在复杂多变的商业环境中保持冷静和理性，实现长期稳健的发展。"知止"的来源包括个人经历、家庭教育、社会环境、文化传统和专业学习等，这些因素共同塑造了企业家的思维方式和决策风格。

通过有效的传承，企业家可以将"知止"哲学传递给下一代管理者，确保他们在企业的长期发展中保持理性，进而促使企业稳健发展。传承"知止"智慧的途径包括企业文化的建设、领导力的培养、教育与培训、实践中的引导以及家族企业的传承等。

第八章

商业决策中的"知止"艺术

决策的核心要素

在现代商业环境中，决策是企业管理的核心环节。企业的成功与否，很大程度上取决于管理层能否做出科学、合理的决策。商业决策过程复杂多变，涉及多个因素，需要在不确定性和风险中寻找最优解。在这一过程中，"知止"艺术不仅是一种智慧，也是一种战略方法，能帮助企业在做出重大决策时保持理性和冷静，避免盲目扩展和冒进。管理者理解并把握决策的核心要素，并将"知止"的理念融入其中，可以为企业实现长期稳健发展提供重要指导。

决策的第一个核心要素是信息的获取和分析。商业决策需要建立在充分、准确的信息基础上，企业管理层必须通过多种渠道收集市场数据、竞争对手的情报、技术发展趋势以及内部运营数据等。这些信息不仅包括定量数据，如销售数据、财务报表、市场份额等，还包括定性信息，如消费者行为、政策环境、行业动态等。信息的获取和分析是决策的基础，只有在掌握了全面、翔实的信息后，管理层才能对市场环境和企业内部情况有一个清晰的认识，为决策提供科学依据。

然而，信息的获取和分析并非易事。在信息泛滥的时代，企业管理层需要具备过滤和鉴别信息的能力，去除噪声，提取有价值的信息。同时，管理层还需要具备数据分析的能力，通过多种分析工具和方法，将海量信息转化为有用的洞察。只有在充分理解信息的基础上，管理层才能做出理性和科学的决策。

在信息获取和分析的基础上，决策的第二个核心要素是目标的设定和权衡。企业在进行决策时，必须明确决策的目标和预期结果，这些目标通常包括盈利能力、市场份额、客户满意度、品牌价值等。然而，不同的目标之间往往存在冲突和权衡，管理层需要在多个目标之间找到平衡点。例如，在新产品开发中，企业可能需要在产品质量和成本控制之间进行权衡；在市场扩展中，企业可能需要在市场份额和盈利能力之间找到平衡。

目标的设定和权衡不仅需要管理层具备战略眼光，还需要他们具备"知止"的智慧。在面对多重目标和复杂的权衡时，管理层必须保持冷静和理性，避免因一时的利益驱动而做出短视的决策。"知止"的理念提醒管理层在设定目标时，不仅要考虑短期利益，还要关注长期发展，确保企业的可持续性和稳健性。

第三个核心要素是风险评估和管理。在商业决策的全过程中，各种不确定性的风险始终如影随形。管理层必须有"小心驶得万年船"的风险意识，在进行各种大小决策时，对潜在的风险和机遇予以充分评估，并制定出"进可攻、退可守"的稳妥策略。风险评估和管理是确保决策有效性和可执行性的关键环节。在进行风险评估时，管理层需要识别可能的风险来源，包括市场风险、竞争风险、运营风险、财务风险等。然后，通过定量和定性的方法对这些风险进行评估，预测其可能性和潜在影响。

在风险评估的基础上，管理层需要制订详细的风险管理计划，明确应对措施和责任人。风险管理计划通常包括风险规避、风险转移、风险控制和风险接受等策略。通过有效的风险管理，企业可以在不确定的市场环境中保持稳健，避免因风险失控而导致重大损失。

"知止"的理念在风险评估和管理中同样具有重要意义。"知止"提醒管理层在面对高风险时，保持冷静和理性，避免冒险决策。在市场扩展和新项目投资中，"知止"的智慧帮助管理层识别和评估潜在风险，制定科学的应对策略，确保企业在风险管理中保持主动和灵活。

第四个核心要素是资源配置和优化。商业决策不仅涉及目标设定和风险管理，还需要有效配置和优化企业资源，包括人力资源、财务资源、技术资源和信息资源等。资源配置和优化是实现决策目标的重要保障，管理层需要根据决策目标和风险评估，合理分配和使用企业资源。

在资源配置过程中，管理层需要考虑资源的有限性和使用效率，避免资源浪费和重复投入。通过科学的资源规划和调配，企业可以最大限度地发挥资源效益，实现决策目标。同时，管理层还需要关注资源配置的动态调整，根据市场变化和决策执行情况，及时优化资源配置，确保企业在激烈的市场竞争中保持竞争力。

"知止"的理念在资源配置和优化中也发挥着重要作用。"知止"提醒管理层在资源配置时，保持理性和冷静，避免盲目扩展和过度投资。通过合理规划和优化资源，企业可以在稳健发展的基础上，实现长期的可持续增长。

第五个核心要素是决策执行和反馈。商业决策不仅需要科学的制定过程，还需要有效的执行和反馈机制。在将商业决策落地实施的执行环节，管理层需要和执行层会商，制订出"一揽子"详细的执行计划，将执行步骤、时间节点和责任分配到每一个"战斗单元"，甚至落实到个人。同时，管理层还需要建立有效的反馈机制，及时跟踪和评估决策执行情况，发现和解决执行过程中出现的问题。

在决策执行和反馈过程中，"知止"的理念同样具有重要意义。"知止"提醒管理层在决策执行中保持冷静和理性，及时调整和优化执行策略，避免因盲目执行而导致的资源浪费和目标偏离。通过科学的决策执行和有效的反馈机制，企业可以在动态变化的市场环境中保持灵活和敏捷，实现决策目标。

第六个核心要素是组织协同和沟通。在现代企业中，决策往往需要多个部门和团队的协同合作，管理层需要建立有效的沟通机制，确保信息传递和意见交流的畅通。通过组织协同和沟通，管理层可以充分发挥团队的智慧和力量，提升决策的科学性和可执行性。

"知止"的理念在组织协同和沟通中也具有重要意义。"知止"提醒管理层在沟通和协同中保持理性和冷静，尊重不同意见和建议，通过有效的沟通机制，促进团队合作和集体智慧的发挥。通过组织协同和沟通，企业可以在复杂多变的市场环境中保持一致和协同，提升决策的有效性和执行力。

总结来说，商业决策的核心要素包括信息的获取和分析、目标的设定和权衡、风险评估和管理、资源配置和优化、决策执行和反馈以及组织协同和沟通。这些要素共同构成了科学决策的基础，帮助企业在复杂多变的市场环境中保持理性和冷静，实现长期稳健的发展。"知止"的理念贯穿决策的各个环节，提醒管理层在面对不确定性和风险时，保持冷静和理性，避免盲目扩展和冒进。

"知止"在决策中的作用

在现代商业环境中，决策是企业管理的核心环节，企业的成功与否很大程度上取决于管理层能否做出科学又合理的决策。在这个过程中，"知止"的理念作为一种智慧和战略方法，帮助企业在面对不确定性和风险时保持冷静和理性，避免盲目扩展和冒进。"知止"在决策中的作用可以从多个方面进行分析，包括风险管理、资源配置、目标设定、执行监控和反馈调整。

首先，"知止"在风险管理中的作用至关重要。无论是初创企业，还是成熟企业，在其发展的过程中，都不得不面临各种不确定性风险。有时候，甚至不得不"在刀尖上跳舞"。为此，管理层必须时刻绷紧风险意识这根弦，对所有潜在风险进行"扫雷式"的精细排查，并制定出因地制宜、顺势而为的妥当策略。"知止"理念帮助企业在风险评估时保持理性和冷静，避免被短期利益驱动而忽视潜在的风险。例如，在市场扩展和新项目投资中，"知止"的智慧帮助管理层识别和评估潜在的风险，制定科学的应对策略，确保企业在风险管理中保持主动和灵活。"知止"提醒管理层在高风险决策中采取稳健的策略，通过逐步推进和试点项目降低风险，从而避免因过度冒进而导致的重大损失。

其次，"知止"在资源配置中的作用同样重要。企业在决策过程中需要有效配置和优化各种资源，包括人力资源、财务资源、技术资源和信息资源等。"知止"理念帮助管理层在资源配置时保持理性和冷静，避免盲目扩展和过度投资。通过合理规划和优化资源，企业可以在稳健发展的基础上，实现长期的可持续增长。例如，在新产品开发过程中，"知止"理念提醒管理层不要因为市场热点而盲目投入大量资源，而是通过科学的市场分析和风险评估，逐步推进项目，确保每一步资源投入都有明确的目标和预期回报。

再次，"知止"在目标设定中的作用也不容忽视。企业在进行决策时，必须明确决策的目标和预期结果，这些目标通常包括盈利能力、市场份额、客户满意度、品牌价值等。然而，不同的目标之间往往存在冲突和权衡，管理层需要在多个目标之间找到平衡点。"知止"理念帮助管理层在设定目标时保持理性和冷静，避免被短期利益驱动。"知止"提醒管理层在目标设定时不仅要考虑短期利益，还要关注长期发展，确保企业的可持续性和稳健性。例如，在新市场进入决策中，管理层可能需要在快速占领市场和稳健发展之间找到平衡，通过逐步推进和市场测试，确保每一步决策都有明确的目标和可行的执行计划。

又次，"知止"在执行监控中的作用也至关重要。商业决策不仅需要科学的制定过程，还需要有效的执行和监控机制。如果执行不力或无效，将会影响项目进度、导致工作质量下滑，甚至会使团队成员之间的信任和合作关系受损，出现"按下葫芦浮起瓢""屋漏偏逢连夜雨"的可怕局面。所以，决策出台以后，如何执行，如何对任务进行分解和分配，是决策层必须同步落实的，并且要建立一套严密的跟踪监控机制。"知止"理念帮助管理层在执行过程中保持理性和冷静，及时调整和优化执行策略，避免因盲目执行而导致的资源浪费和目标偏离。例如，在营销推广活动中，"知止"提醒管理层在执行过程中要密切监控市场反应和竞争对手的动态,通过灵活调整策略,确保营销活动的有效性和市场影响力。

最后,"知止"在反馈调整中的作用同样不可忽视。决策过程中,管理层需要建立有效的反馈机制,及时跟踪和评估决策执行情况,发现和解决执行过程中出现的问题。"知止"理念帮助管理层在反馈调整过程中保持冷静和理性,通过科学的反馈机制和数据分析,及时发现问题,进行调整和优化,确保决策目标的实现。例如,在产品上市后,管理层需要通过市场调研和客户反馈,及时了解产品的市场表现和客户满意度,通过改进产品功能和优化服务,提升产品的市场竞争力和客户忠诚度。

通过上述分析可以看出,"知止"在决策过程中发挥了至关重要的作用。一是"知止"帮助企业在风险管理中保持理性和冷静,识别和评估潜在的风险,制定科学的应对策略,确保企业在不确定性和风险中保持稳健。二是"知止"理念在资源配置中帮助管理层合理规划和优化资源,避免盲目扩展和过度投资,实现企业的可持续发展。三是"知止"在目标设定中帮助管理层在多重目标和复杂权衡中找到平衡点,确保决策目标的明确和可行。"知止"在执行监控中帮助管理层密切跟踪决策执行情况,通过灵活调整和优化策略,确保决策的有效性和执行力。四是"知止"在反馈调整中帮助管理层通过科学的反馈机制和数据分析,及时发现问题,进行调整和优化,确保决策目标的实现。

决策失败的案例与反思

在科技迅猛发展的今天,企业的兴衰往往与其决策是否正确密切相关。"黑莓"(Black Berry)公司曾是智能手机市场的领军企业,其产品一度占据全球智能手机市场的重要份额。然而,随着科技的进步和市场的变化,"黑莓"未能及时调整战略,最终被市场边缘化。"黑莓"的衰落是一个典型的决策失败案例,值得深入探讨和反思。

"黑莓"公司成立于1984年,总部位于加拿大安大略省滑铁卢市。其创始人迈克·拉扎里迪斯(Mike Lazaridis)和道格·弗瑞根(Douglas Fregin)通过创建一种名为"Research In Motion"(RIM)的公司,最初致力于开发无线数据传输技术。1999年,RIM推出了第一款"黑莓"设备,这是一款结合了电子邮件和移动通信的革命性产品。由于其出色的电子邮件功能和物理键盘设计,"黑莓"迅速在企业市场中获得了广泛认可。

然而,随着智能手机市场的不断发展,消费者的需求和偏好发生了巨大变化。2007年,苹果公司推出了第一代iPhone,这款产品不仅拥有出色的触控屏幕,还整合了音乐、视频和互联网浏览等多种功能,彻底改变了智能手机的使用体验。尽管市场已经显现出触控屏智能手机的巨大潜力,"黑莓"的管理层却未能及时捕捉这一趋势并做出相应的技术转型。这一决策失误为"黑莓"的衰落埋下了伏笔。

首先,"黑莓"在信息获取和分析上存在严重不足。尽管 iPhone 的推出已经在市场上引起了巨大反响,"黑莓"的管理层却对其威胁视而不见。他们过于依赖现有的市场地位和企业用户基础,认为触控屏手机只是昙花一现,而"黑莓"的物理键盘和安全电子邮件系统依然是不可替代的优势。这种盲目自信导致"黑莓"在技术研发和产品创新上落后于竞争对手,未能及时开发出与 iPhone 相媲美的产品。

其次,"黑莓"在目标设定和战略调整上缺乏"知止"的智慧。面对智能手机市场的快速变化,"黑莓"的高层管理者试图通过不断改进物理键盘和安全功能来维持市场份额,却忽视了消费者需求的变化和触控屏手机的巨大潜力。他们继续推出基于物理键盘设计的新机型,而不是全面转向触控屏设计。这种固守传统的策略,使得"黑莓"在智能手机市场中逐渐失去了竞争力。

再次,"黑莓"在风险管理上也存在明显缺陷。尽管市场环境发生了重大变化,"黑莓"的管理层未能在技术研发和市场推广上进行有效的资源配置和调整。其在研发投入和市场推广上的决策缺乏科学性和前瞻性,导致资源浪费和市场失利。例如,"黑莓"在 iPhone 推出后仍然坚持物理键盘的设计,未能及时调整产品策略,开发出具有竞争力的触控屏智能手机。这种策略的失败,使得"黑莓"在智能手机市场中的份额迅速下降,最终被边缘化。

通过反思"黑莓"的失败,我们可以得到几个重要的教训。

第一,企业在决策过程中必须保持对市场趋势和技术发展的敏感,及时获取和分析信息,避免盲目自信和信息不足。"黑莓"的管理层如果能够及时认识到触控屏技术和应用生态系统的潜力,并迅速调整产品战略,或许能够在智能手机市场中保持竞争力。

第二，企业在设定目标和制定战略时，需要在短期利益和长期发展之间找到平衡，避免因固守传统业务模式而错失转型机会。"黑莓"如果能够在早期就全面转向触控屏设计，并开发出具有竞争力的智能手机，可能就不会在市场竞争中失利。

第三，企业必须重视风险管理，通过科学的风险评估和应对策略，确保在市场变化中保持主动和灵活。"黑莓"在技术研发和市场推广上的策略缺乏科学性和前瞻性，未能有效应对市场变化带来的风险。这种缺乏有效风险管理的决策方式，导致了"黑莓"在智能手机市场中的失败。

第四，"黑莓"的衰落也提醒我们，企业在面对市场变化和技术革新时，需要具备"知止"的智慧。"知止"不仅是一种智慧，也是一种战略方法，可以帮助企业在不确定性和风险中做出科学、合理的决策。通过深入理解和应用"知止"的理念，企业可以在激烈的市场竞争中找到最佳的生存和发展之道，实现长期稳健的发展和繁荣。

在今天的商业环境中，科技的发展和市场的变化速度前所未有。企业要想在这样的环境中生存和发展，必须具备敏锐的市场洞察力和科学的决策能力。通过反思"黑莓"的失败，我们可以更好地理解"知止"在决策中的重要作用，避免在未来的决策中重蹈覆辙。"知止"提醒企业在面对市场变化和技术革新时，保持冷静和理性，避免盲目扩展和冒进，通过科学的分析和评估，做出明智的决策，确保企业在复杂多变的商业环境中始终保持领先地位。

总之，"黑莓"的失败是一个深刻的教训，值得每一个企业和管理者认真反思。通过深入分析"黑莓"的决策失误，我们可以汲取宝贵的经验并吸取教训，提升自身的决策能力和管理水平。

"知止"策略的实施：
以T集团的市场扩展决策为例

在企业管理中，成功与失败往往取决于关键的战略决策。如何在扩展业务的同时避免过度冒进？"知止"策略强调决策者在面对不确定性和风险时保持冷静、理性，并通过科学规划来平衡风险与收益。以下T集团的详细案例，展现了"知止"策略在市场扩展决策中的实施过程。

一、企业背景与市场环境

T集团是一家专注于高端电子产品研发与销售的跨国企业，总部设在中国深圳，主要产品包括智能手机、可穿戴设备和家居智能设备。近年来，T集团凭借强大的技术创新和卓越的市场营销，成功占据了亚洲市场的大部分份额。然而，随着亚洲市场的饱和，T集团希望通过市场扩展来寻找新的增长点，并计划进入欧洲市场。

欧洲市场虽然具有巨大的增长潜力，但也存在复杂性。首先，欧洲的消费者偏好和市场结构与亚洲存在明显差异；其次，当地市场已经被几家老牌企业占据，竞争极为激烈。最后，T集团对欧洲市场的文化与法律环境了解有限，这些因素增加了市场扩展的风险。

二、危机与风险的设定

在扩展计划中，T集团管理层面临的主要危机包括以下几个方面。

市场接受度风险：欧洲消费者对品牌忠诚度较高，T集团作为亚洲品牌可能面临低市场接受度的困境。

财务风险：T集团需要在短期内投入大量的市场推广费用，并建立全新的供应链与销售网络，增加了企业的资金压力。

法律与政策风险：欧洲的知识产权保护、环境法律法规复杂且严苛，任何疏忽都可能导致巨额罚款或引发法律纠纷。

品牌定位风险：T集团以性价比为核心的品牌定位在欧洲可能与当地消费者追求高品质、高价格的偏好产生冲突，影响销售。

竞争风险：当地市场已经被苹果公司、三星集团等强大的国际品牌占据，新进入者的市场份额争夺将充满挑战。

面对这些不确定性和潜在危机，T集团管理层意识到，如果没有有效的风险管理和战略规划，盲目进入欧洲市场将可能给公司带来巨大损失。此时，"知止"策略的应用成为管理层决策的关键。

三、实施"知止"策略的具体步骤

1. 风险评估与市场调研

在做出市场进入决策之前，T集团首先进行了全面的市场调研和风险评估。通过第三方市场调研公司，T集团获得了以下具体数据：欧洲消费者对智能电子产品的年度支出约为2500欧元，高于全球平均水平的1800欧元。75%的消费者偏好本土或欧美品牌，仅有15%对亚洲品牌表现出较高的接受度。苹果公司与三星集团在高端市场的份额分别占45%和35%，其余市场被其他小品牌分割。

T集团通过数据分析发现，欧洲市场的进入门槛较高，但仍存在一定的机会。特别是在中端市场和年轻消费者群体中，性价比高且具备创新性的产品具有较大的吸引力。然而，这也意味着T集团如果以低价策略切入，将很难与已有的品牌建立竞争优势。

"知止"策略的第一步是在市场调研的基础上，清醒地认识到市场进入的难度与风险，并通过科学的数据分析评估市场扩展的可行性。管理层决定分阶段、逐步进入市场，而不是一味追求市场份额的快速扩大。

2. 资源合理配置与财务规划

根据市场调研的结果，T集团管理层制定了一个分阶段的进入策略，计划在未来三年内逐步加大对欧洲市场的投入。为此，他们制定了详细的财务规划。

第一年：T集团将在德国、法国、英国等重点国家推出试点项目，投入5000万欧元用于市场推广、建立销售渠道和市场测试。

第二年：根据试点国家的反馈，T集团将决定是否在更多国家扩大业务范围，同时投入追加的3000万欧元用于营销和产品本地化。

第三年：如果前两年的市场表现符合预期，T集团将全力投入，投入1亿欧元进行大规模扩展，并建设区域研发中心和供应链网络。

在资源配置上，T集团根据"知止"理念，避免一次性大规模投入，而是通过逐步推进的方式，确保在扩展过程中随时根据市场反应做出调整。这样，T集团在第一阶段的投入相对较少，即使市场表现不佳，也可以及时止损，避免因过度冒进而造成资金链断裂。

3．风险管理与应急预案

在欧洲市场扩展过程中，T集团制定了详细的风险管理与应急预案，确保在突发风险出现时能够迅速应对。

市场接受度风险应对：T集团通过与本地电商平台和渠道合作，降低进入门槛，逐步提高品牌知名度。在品牌推广上，采取本地化策略，与欧洲本土明星和意见领袖合作，增强消费者的情感认同感。

法律与政策风险应对：在进入欧洲之前，T集团聘请了当地法律顾问团队，帮助公司熟悉欧洲各国的法律体系，并制定了严格的知识产权和环境保护策略，确保合规经营。

竞争风险应对：为了应对苹果公司和三星集团的强大竞争，T集团推出了一款创新性可穿戴设备，以差异化产品定位吸引消费者。通过专注于技术创新，T集团避免了与竞争对手的直接价格战。

4．执行监控与反馈调整

在"知止"策略的指导下，T集团在市场扩展过程中设立了详细的执行监控与反馈调整机制。每个季度，T集团都会根据市场数据和销售业绩对策略进行调整，确保每一阶段的投入和市场表现能够得到实时反馈和调整。

例如，在进入欧洲市场的第一年，T集团通过市场调研发现，法国市场对性价比产品的接受度远高于德国市场。因此，T集团决定在第二年加大对法国市场的投入，并在德国市场进行更加精细化的本地化推广。

通过持续的反馈和调整，T集团不仅确保了资源的高效利用，也避免了因盲目推进导致的资源浪费和市场策略失误。

四、案例结果与"知止"策略的成果

经过三年的实施，T集团成功在欧洲市场站稳脚跟。以下是具体的成果数据。

第一年的试点项目中，T集团在法国的市场份额达到了10%，超出预期目标的5%；而德国市场的份额仅为3%，略低于预期目标。

第二年，通过本地化策略的调整，法国市场份额上升至15%，而德国市场份额逐步攀升至7%，但T集团选择暂时不扩大到其他国家，以进一步稳固现有市场。

第三年，T集团全面进入欧洲市场，在英国、西班牙、意大利等国家开展业务，整体市场份额达到12%。

通过"知止"策略的实施，T集团不仅成功进入了欧洲市场，还在保持稳定增长的同时，规避了盲目扩展带来的财务和市场风险。

第九章

竞争中的平衡与取舍

商业竞争的本质

商业竞争是现代经济体系中不可或缺的一部分，企业在激烈的市场环境中通过竞争获取市场份额、提升品牌价值、实现利润增长。理解商业竞争的本质，是企业在竞争中取得成功的前提。商业竞争不仅涉及产品和服务的较量，还包括战略、资源、技术和创新的多方面博弈。深入探讨商业竞争的本质，可以帮助企业在竞争中找到平衡与取舍，实现可持续发展。

商业竞争的本质体现在价值创造上。企业通过提供优质的产品和服务来满足消费者需求，从而创造价值。价值创造是企业存在的根本目的，也是商业竞争的核心动力。企业需要不断提高产品质量和服务水平，通过技术创新和管理优化，为消费者提供更高的价值。在这一过程中，企业不仅要关注市场需求的变化，还要积极响应消费者的反馈，持续改进和创新。价值创造不仅包括产品和服务的直接价值，还涉及品牌价值、用户体验和社会责任等多方面内容。

商业竞争的本质体现在资源配置上。企业在竞争中需要有效配置和利用各种资源，包括人力资源、财务资源、技术资源和信息资源等。资源的优化配置是企业提升竞争力的重要手段。企业需要通过科学的规划和管理，确保资源的高效利用和效益最大化。在资源配置过程中，企业还需要关注资源的可持续性和环境影响，通过绿色管理和社会责任提升企业的长期价值和品牌形象。

商业竞争的本质还体现在创新驱动上。创新是企业在竞争中取得优势的重要因素。通过技术创新、产品创新、服务创新和商业模式创新，企业可以不断提升竞争力，满足市场和消费者的多样化需求。创新不仅包括技术层面的突破，还涉及管理创新和组织创新。企业需要建立完善的创新机制，鼓励员工积极参与创新活动，形成全员创新的氛围。在激烈的市场竞争中，企业只有持续创新才能保持领先地位，实现长期发展。

战略选择是商业竞争的一个核心本质。企业在竞争中需要制定科学合理的战略，通过战略规划和执行实现企业的长远目标。战略选择包括市场定位、产品策略、品牌策略、渠道策略和价格策略等多个方面。企业在制定战略时需要综合考虑市场环境、竞争态势、内部资源等多方面因素，确保战略的科学性和可行性。同时，企业还需要根据市场变化和竞争对手的动态，灵活调整战略，保持战略的动态适应性。

商业竞争的本质还体现在市场适应性上。市场环境不断变化，消费者需求和偏好也在不断演变。企业在竞争中需要具备高度的市场适应性，通过敏锐的市场洞察力和快速反应能力及时调整产品和服务策略，满足市场需求。在市场适应过程中，企业需要建立高效的信息获取和分析机制，并且通过大数据和市场调研，了解市场趋势和消费者行为，确保决策的科学性和及时性。市场适应性不仅包括短期的市场反应，还涉及企业的长期发展规划和战略调整。

竞争中的平衡与取舍是商业竞争的一个重要方面。企业在多个商业目标中进行平衡和取舍时，必须明确自身的定位与目标，对企业的核心竞争力和优劣势了如指掌，然后有效盘活企业的所有资源，确保战略选择与企业的实际情况相匹配，同时关注市场信号，判断选对趋势，在存量竞争中发现增量机会。总而言之，企业在进行平衡与取舍时，需要综合考虑市场环境、竞争态势、内部资源等多方面因素，确保决策的合理性和可行性。

商业竞争的本质还体现在合作与竞争的关系上。在现代商业环境中，企业不仅需要面对竞争对手的挑战，还需要与其他企业进行合作，通过协作实现共赢。合作与竞争是企业在市场中生存和发展的两种基本关系，企业需要在竞争中寻找合作机会，通过合作提升竞争力，实现共同发展。合作的关系不仅包括市场层面的合作，还涉及技术合作、资源共享、联合研发等多方面内容。企业在进行合作与竞争时，需要建立良好的合作机制，以互利共赢的方式实现合作双方的共同利益。

品牌建设是商业竞争的另一个核心本质。品牌是企业在市场中的重要资产，通过品牌建设，企业可以提升市场影响力和竞争力。品牌建设不仅包括品牌定位和品牌推广，还涉及品牌文化和品牌价值的培育。企业在品牌建设过程中，需要注重品牌的一致性和持续性，通过优质的产品和服务，赢得消费者的信任并提升忠诚度。品牌建设还涉及企业的社会责任和环境保护。通过履行社会责任，企业可以提升品牌的社会形象和价值，实现品牌的长期可持续发展。

商业竞争的本质还体现在消费者导向上。消费者是市场的最终决定者，企业在竞争中需要始终以消费者为中心，通过满足消费者需求，实现市场价值。消费者导向不仅包括产品和服务的创新，还涉及消费者体验和消费者关系管理。企业需要通过多种渠道与消费者进行互动，了解消费者的需求和反馈，不断改进并优化产品和服务，提升消费者满意度和忠诚度。消费者导向还涉及市场细分和个性化服务，通过精准营销和定制化服务，满足不同消费者的多样化需求。

最后，商业竞争的本质还体现在社会责任上。企业在竞争中不仅要追求经济利益，还要履行社会责任，通过可持续发展实现企业的长期价值。社会责任包括环境保护、员工福利、社区发展等多个方面。企业在履行社会责任过程中，需要建立完善的社会责任管理体系，通过科学规划和有效执行，确保社会责任的落实。履行社会责任不仅有助于提升企业的社会形象和品牌价值，还能增强企业的市场竞争力，实现经济效益和社会效益的双赢。

平衡与取舍的智慧

在现代商业环境中,市场竞争日益激烈,如何在利益的"十字路口"进行正确取舍,避免企业误入歧途,是企业随时随地面临的生死考验。而在复杂的多方博弈中,如何化敌为友,平衡好瞬息万变的利益格局,也是每一个图谋长远的企业必须时刻考虑的重要命题。掌握平衡与取舍的智慧,是企业在竞争中取得成功的重要法宝。

企业需要在追求短期利益和长期发展之间找到平衡。短期利益通常是指企业在当前财务年度内的盈利能力和市场表现,而长期发展则涉及企业的持续创新能力、品牌价值和市场竞争力。企业在制定战略时必须兼顾短期利益和长期发展,避免因过度追求短期盈利而忽视长远布局。例如,亚马逊公司在早期发展阶段,虽然放弃了短期利润,但通过持续投资于技术创新和市场扩展,最终具有了强大的市场地位和品牌影响力。

企业需要在市场份额和利润率之间找到平衡。市场份额是企业在市场中的占有率,通常通过销售量和销售额来衡量;利润率则是企业在经营活动中的盈利水平。企业在竞争中往往面临这样的抉择:是通过降价策略扩大市场份额,还是通过提高产品价值和服务质量来提高利润率。例如,虽然苹果公司市场份额相对较小,但通过高质量、高价格的产品策略却保持了较高的利润率和品牌溢价。这种平衡与取舍的智慧帮助苹果公司在激烈的市场竞争中始终保持领先地位。

创新投入和成本控制是企业在平衡与取舍中需要重点考虑的另一个方面。创新是企业在市场中保持竞争力的重要手段，但创新投入往往伴随着高昂的研发成本和市场风险。企业在制定创新策略时，必须在创新投入和成本控制之间找到平衡，确保资源的高效利用和创新成果的商业转化。例如，特斯拉在电动汽车领域的成功，离不开其对研发和创新的持续投入，同时通过规模化生产和供应链优化，有效控制了成本，实现了技术创新与成本控制的平衡。

快速扩展和稳健经营是企业在市场扩展过程中需要面临的抉择。快速扩展可以帮助企业迅速占领市场，提升品牌知名度和市场影响力，但也可能带来管理风险和资源分散；稳健经营则强调稳步发展，注重风险控制和资源整合。企业在制定扩展策略时，需要根据市场环境和自身能力，选择合适的扩展速度和方式。例如，星巴克在全球市场的扩展过程中，通过控制开店速度和注重店铺运营质量，实现了快速扩展与稳健经营的有机结合。

企业在多元化发展和核心业务之间也需要找到平衡。多元化发展可以分散企业的市场风险，开拓新的利润增长点，但也可能导致资源分散和管理复杂度增加；专注于核心业务则可以提高专业化水平和竞争优势，但可能面临市场单一和风险集中。企业在制定多元化战略时需要根据市场环境和自身优势选择适合的发展路径。例如，迪士尼通过多元化的娱乐产业布局，包括电影、主题公园、电视网络等成功分散了市场风险，提升了整体竞争力。同时，其保持对核心业务的专注，确保各项业务的协调发展。

品牌价值和短期促销之间的平衡也是企业在市场竞争中需要考虑的重要因素。短期促销可以迅速提升销售额和市场份额，但频繁的促销活动可能损害品牌形象和长期价值。企业在制定促销策略时，需要在短期销售目标和品牌长期建设之间找到平衡，通过科学的促销规划和品牌管理，实现销售增长和品牌价值的双赢。例如，奢侈品品牌通常避免频繁打折促销，通过高端定价和限量销售维持品牌的稀缺性和高端形象。

此外，企业在国际市场扩展和本土市场深耕之间也需要找到平衡。国际市场扩展可以帮助企业开拓新的市场，提升其全球竞争力，但也面临文化差异、法律法规和市场环境等多重挑战；本土市场深耕则可以强化市场基础，提升品牌忠诚度和市场占有率。企业在制定国际化战略时，需要综合考虑市场环境、企业能力和竞争态势，选择合适的扩展路径。例如，可口可乐在全球市场的成功既得益于其广泛的国际市场布局，也离不开其对本土市场的深耕和品牌维护。

企业在创新发展和稳定运营之间的平衡同样至关重要。创新发展是企业在市场中保持活力和竞争力的源泉，但过度追求创新可能导致经营风险和资源浪费；稳定运营则强调稳健发展和风险控制，但可能面临市场创新不足和竞争力下降的风险。企业在制定创新策略时需要在创新和稳定之间找到平衡，通过科学的创新管理和稳健的运营策略实现企业的可持续发展。例如，谷歌公司在持续推进技术创新的同时，通过稳健的运营和管理，确保了业务的稳定增长和市场领先地位。

在竞争中的平衡与取舍，不仅需要企业具备战略眼光和科学的决策能力，还需要企业建立健全管理机制和执行体系。企业管理层需要通过科学的规划和有效的执行，确保各项决策的合理性和可行性，通过持续的优化和调整实现企业的长期稳健发展。

总之，平衡与取舍的智慧是企业在竞争中取得成功的重要法宝。企业在制定战略和决策时，需要在多个目标和利益之间寻找平衡，通过科学的取舍实现整体优化。

竞争中的"知止"策略

"知止"策略要求企业在信息获取和分析中保持敏锐和精准。企业在决策过程中必须建立健全信息获取渠道，通过市场调研、竞争对手情报、消费者反馈等多种方式，全面了解市场环境和技术发展趋势。企业需要培养一支专业的信息分析团队，利用大数据和人工智能等先进技术，对海量信息进行整理和分析，提取有价值的洞察。通过深入的市场研究和数据分析，企业可以及时识别市场变化和潜在风险，为科学决策提供坚实的基础。

在信息获取和分析的基础上，企业需要进行科学的目标设定和战略规划。"知止"策略强调在设定目标时，既要考虑短期利益，也要注重长期发展。企业在制定战略时，必须兼顾当前的市场需求和未来的发展趋势，避免因过度追求短期盈利而忽视长远布局。企业还需要建立健全目标评估机制，通过定期的绩效评估和审计，及时发现目标实现过程中的问题，并进行必要的调整和优化。例如，特斯拉在发展过程中始终坚持对电动汽车技术的长期投入，通过持续的研发和创新逐步提升产品竞争力和市场份额。

风险管理是"知止"策略的重要组成部分。企业在决策过程中必须充分考虑各种可能的风险，并制订详细的风险管理计划。风险管理不仅包括市场风险和技术风险，还涵盖财务风险、运营风险、法律风险等多方面内容。

企业需要建立专业的风险管理团队，定期进行风险评估和审计，通过量化分析和情景模拟等方法评估风险的可能性和影响程度。通过制定和实施有效的风险控制措施，如风险规避、风险转移、风险对冲等，企业可以在不确定的市场环境中保持稳健，避免因风险失控而导致的重大损失。

在资源配置和优化方面，"知止"策略强调合理规划和高效利用各种资源。企业在决策过程中必须合理配置人力资源、财务资源、技术资源和信息资源，确保资源的高效利用和最大化效益。企业需要建立科学的资源规划和调配机制，根据市场变化和决策需求，灵活调整资源配置，确保企业在稳健发展的基础上，实现长期的可持续增长。例如，谷歌公司在发展过程中，通过合理配置研发资源和市场资源，保持了持续的技术创新和市场竞争力。

执行与反馈机制是"知止"策略实施的关键环节。企业在决策执行过程中必须建立严格的执行和反馈机制，通过详细的执行计划和进度跟踪，确保每一步执行都有明确的目标和责任人。同时，企业需要建立健全的反馈机制，通过定期的绩效评估和数据分析，及时发现执行过程中的问题，并进行必要的调整和优化。"知止"策略提醒企业在执行过程中保持冷静和理性，及时调整和优化执行策略，避免因盲目执行而导致的资源浪费和目标偏离。例如，亚马逊在全球扩展过程中，通过严格的执行和反馈机制，确保每一个市场扩展计划都能够高效落实，并根据市场反馈及时调整策略，取得了显著的市场成果。

企业文化的建设和领导力的培养是"知止"策略成功实施的保障。"知止"策略不仅是一种决策方法，也是一种管理理念，需要在企业内部形成共识和文化。企业需要通过培训和宣传，让员工理解和认同"知止"策略的核心理念和实施方法，形成全员参与的良好氛围。同时，企业需要注重领导力的培养，通过选拔和培训具有"知止"智慧的管理者，确保在决策过程中能够科学分析和理性判断，带领企业在复杂多变的市场环境中实现稳健发展。

在现代商业环境中，企业还需要加强与外部合作伙伴和利益相关者的沟通与协作，通过建立良好的合作关系和信息共享机制，增强决策的科学性和可行性。"知止"策略强调企业在面对市场变化和技术革新时，不仅要依靠内部力量，还需借助外部资源和智慧来实现企业的长期繁荣和成功。例如，许多科技公司通过与大学和科研机构的合作，获得前沿技术和创新资源，提升自身的技术竞争力和市场适应性。

持续学习和创新是"知止"策略实施的核心驱动力。市场环境和技术发展日新月异，企业在决策过程中必须不断学习和积累新的知识和经验，通过持续创新和优化，提升自身的竞争力和适应性。"知止"策略提醒企业在决策过程中，不仅要总结过去的经验和吸取教训，还要积极探索和应用新的方法和工具，通过不断学习和创新保持企业的活力和领先地位。

"知止"策略的实施不仅有助于企业在竞争中保持冷静和理性，还能帮助企业在市场中找到最佳的生存和发展之道。通过建立科学合理的管理机制和流程、为客户创造价值、做大做强核心业务、稳健运营、持续迭代升级自身的产品和服务、打造顶尖的人力资源团队，并不断增强员工的凝聚力和归属感，企业方能实现可持续发展，并在激烈的市场竞争中长期保持领先地位。同时，企业文化的建设和领导力的培养、与外部合作伙伴的沟通与协作，以及持续学习和创新也是"知止"策略成功实施的重要保障。掌握并实施"知止"策略，企业不仅可以在激烈的市场竞争中取得优势，还能确保在市场中的长期稳健发展和繁荣。

案例分析：平衡取舍的成功实例

在复杂多变的商业环境中，企业需要在多种目标和利益之间找到平衡，通过科学的取舍实现整体优化。下面是几家知名企业在不同领域中成功实施平衡与取舍策略的实例，帮助我们理解这一策略在实践中的应用和效果。

首先，苹果公司在产品线管理中展现了平衡与取舍的智慧。与其他电子公司动辄推出数十款产品的策略相比，苹果简洁的产品线独树一帜。这种精简的产品线不仅简化了生产和库存管理，还提高了品牌的清晰度和产品的市场定位。通过集中资源研发和改进少数几款产品，苹果确保了每一款产品的创新性和质量，从而避免了资源的分散。尽管苹果的市场份额可能不如一些竞争对手，但其高品牌溢价和忠实的用户群体带来了可观的利润率。这种高质量、高价格的策略，使苹果在全球市场中保持了领先地位。简洁的产品线减少了消费者的选择困难，提升了用户体验，同时也使苹果能够提供更好的售后服务和支持。这种以客户为中心的策略帮助苹果在竞争激烈的市场中脱颖而出。

其次，特斯拉的市场扩展策略也充分体现了平衡与取舍的智慧。特斯拉通过逐步扩展市场和提升产能，同时保持了对产品质量和用户体验的高标准。特斯拉最初以高端电动跑车 Roadster 进入市场，定位于高收入人群。

这一策略虽然限制了初期的市场份额，但成功建立了品牌形象和技术领先地位，为后续产品的推出奠定了基础。在成功推出高端车型后，特斯拉逐步扩展到中端市场，推出 Model S 和 Model X，最后进入大众市场，推出 Model 3 和 Model Y。这种逐步扩展的策略帮助特斯拉在不同市场阶段保持了稳定的增长。在提升产能的同时，特斯拉始终保持对产品质量的严格控制，通过优化生产流程和供应链管理，实现了技术创新与成本控制的平衡。

再来看星巴克，星巴克在全球扩展与本地化策略中，成功实现了品牌一致性与本地化的平衡。星巴克在全球扩展中保持了品牌的一致性，包括店铺设计、产品质量和服务标准，同时在不同市场中推出了符合当地口味和文化的产品，如在中国市场推出了茶饮品和地方特色小吃。这种策略既维护了品牌的全球形象，又满足了本地消费者的需求。星巴克在全球范围内快速扩展，但在每个新市场的进入和扩展过程中，都采取了稳健的经营策略，通过市场调研和试点项目，确保每一个新市场的扩展都是基于充分的市场分析和科学的决策。通过标准化的管理和运营流程，确保全球各地店铺的一致性和高质量服务，同时给予各地店铺一定的灵活性，允许根据当地市场需求进行适当调整。这种标准化与灵活性的结合，使星巴克能够在全球范围内保持高效运营和市场竞争力。

最后，让我们来看迪士尼，迪士尼在多元化经营与核心业务专注之间实现了成功的平衡。迪士尼通过收购和内部发展，拓宽了电影、电视、主题公园、消费品、媒体网络等多个业务领域。这种多元化策略帮助迪士尼分散了市场风险，开拓了新的利润增长点。尽管在多元化经营上取得了成功，迪士尼始终保持对核心业务——动画和娱乐内容创作的专注，通过不断推出高质量的动画电影和娱乐内容，在全球市场中保持了强大的品牌影响力和竞争优势。迪士尼在创新和传统之间找到了平衡，通过不断创新提高产品和服务质量，同时保持品牌的传统价值和文化，这种创新与传统的结合，使迪士尼能够在快速变化的市场环境中保持长期竞争力。

通过这些成功案例的分析，可以看出平衡与取舍策略在企业发展中的重要作用。企业在竞争中需要在多个目标和利益之间找到平衡，通过科学的取舍实现整体优化。通过深入了解自身核心竞争力、设定清晰目标、合理规划资源投入、选择与企业实力相匹配的战略、深刻了解复杂多变的市场环境、关注行业增长趋势以及消费者行为的变化、确保时间、精力和资源的有效分配，企业方能在多个商业目标中做出有利于己的取舍和平衡，从而使自身长期立于不败之地。

第十章

商战中的伦理与道德

商业伦理的基本原则

在现代商业环境中,商业伦理和道德已经成为企业经营和管理中不可或缺的部分。商业伦理不仅关乎企业的声誉和形象,也会直接影响企业的长远发展和可持续性。在激烈的市场竞争中,企业若能遵循商业伦理的基本原则,不仅能够赢得客户和公众的信任,还能构建健康的商业生态,推动社会的进步和繁荣。理解和践行商业伦理的基本原则,是每个企业必须面对的重要课题。

诚实与透明是商业伦理的基石。企业在经营活动中必须保持诚实,不能通过欺诈、虚假宣传或隐瞒事实来获取利益。诚实不仅体现在对客户的承诺上,也体现在对员工、供应商和其他利益相关者的行为中。透明则要求企业在信息披露和沟通中,保持开放和坦诚的态度,确保所有利益相关者都能获得真实、准确的信息。诚实与透明有助于建立企业的信用和声誉,为企业的长远发展打下坚实基础。

公平与公正是商业伦理的重要原则。企业在经营活动中应当公平对待所有利益相关者,包括客户、员工、供应商和合作伙伴等。公平不仅体现在商业交易中,也包括对待员工的薪酬、晋升和工作环境等方面。公正则要求企业在决策和管理过程中,遵循客观和公正的原则,不因个人或团体的利益而偏袒或歧视任何一方。通过公平与公正的做法，企业能够赢得更多的信任和支持，构建和谐的商业关系。

责任与问责是商业伦理的核心内容。企业不仅要对股东负责，还要对客户、员工、供应商和社会负责。企业在追求经济利益的同时，必须履行社会责任，关注环境保护、员工福利和社区发展等方面。问责则要求企业在出现问题时能够主动承担责任，进行整改和弥补。通过责任与问责的机制，企业不仅能够提高自身的管理水平，还能增强社会的信任和认可。

尊重与关怀是商业伦理的体现。企业应当尊重所有利益相关者的权利和利益，包括客户的知情权和选择权、员工的劳动权和发展权、供应商的合作权和公平竞争权等。关怀则要求企业在经营活动中关注利益相关者的福祉，通过提供优质的产品和服务、改善工作环境和参与公益活动等方式，体现对利益相关者的关心和关爱。通过尊重与关怀的实践，企业能够提升品牌价值和社会形象，赢得更多的支持和信赖。

诚信与守法是商业伦理的基础。企业在经营活动中必须遵守法律法规，不能通过非法手段获取利益。诚信不仅体现在商业交易中，还体现在对待员工、供应商和其他利益相关者的态度上。守法则要求企业在经营活动中严格遵守相关法律法规，包括劳动法、环境法、反垄断法等。通过诚信与守法的实践，企业能够提高自身的管理水平，增强市场的竞争力和可持续发展能力。

创新与可持续发展是商业伦理的重要组成部分。企业在追求经济利益的同时，必须注重技术创新和可持续发展。创新不仅体现在产品和服务的改进上，也包括管理和运营模式的创新。可持续发展则要求企业在经营活动中关注环境保护、资源节约和社会责任等方面，通过科学的规划和管理，实现经济效益、社会效益和环境效益的协调发展。通过创新与可持续发展的实践，企业能够提升自身的竞争力和市场影响力，从而实现长期的可持续发展。

合作与共赢是商业伦理的目标。企业在市场竞争中不仅要关注自身利益，还要关注合作伙伴和社会的利益。通过建立良好的合作关系，企业能够实现资源共享、优势互补和共同发展。共赢则要求企业在商业交易中，能够兼顾各方利益，通过公平和公正的方式，实现合作双方或多方的共同利益。通过合作与共赢的实践，企业能够提升市场的竞争力和抗风险能力，实现共同发展和繁荣。

在现代商业环境中，商业伦理的基本原则不仅是企业管理和经营的指南，也是企业在市场竞争中取得成功的重要因素。企业若能遵循诚实与透明、公平与公正、责任与问责、尊重与关怀、诚信与守法、创新与可持续发展、合作与共赢等基本原则，不仅能够提升自身的竞争力和市场影响力，还能构建健康的商业生态，推动社会的进步和繁荣。

总之，商业伦理的基本原则是企业在经营和管理中必须遵循的准则。通过践行这些原则，企业能够在激烈的市场竞争中找到平衡与取舍，实现长远的可持续发展。同时，商业伦理的实践也有助于提升企业的品牌价值和社会形象，赢得更多的信任和支持。未来，随着市场环境的不断变化和社会对企业责任要求的提高，商业伦理的重要性将进一步凸显。

"知止"与商业道德

在现代商业环境中，"知止"与商业道德紧密相连，共同构成了企业在激烈竞争中保持稳健发展和赢得社会信任的重要基石。"知止"，作为一种智慧和战略方法，帮助企业在决策和运营中保持冷静和理性，避免盲目扩展和冒进。而商业道德则为企业的行为规范和价值观提供了指导，确保企业在追求经济利益的同时，兼顾社会责任和道德标准。两者的结合，不仅有助于企业实现可持续发展，还能提升企业的社会形象和品牌价值。

"知止"与诚信经营密切相关。诚信是商业道德的核心原则之一，要求企业在经营活动中保持诚实和透明，不欺骗客户、员工、供应商和其他利益相关者。"知止"的智慧提醒企业在追求市场份额和利润时，必须保持对诚信的坚守，避免因短期利益驱动而采取欺诈或不正当竞争手段。例如，"知止"理念可以帮助企业在广告宣传中避免夸大宣传虚假信息，确保信息传递的真实性和透明性，从而赢得客户的信任和忠诚。

"知止"与公平竞争息息相关。公平竞争是商业道德的重要原则，要求企业在市场中遵循公平和公正的竞争规则，不利用不正当手段排挤竞争对手。"知止"的智慧提醒企业在制定市场策略时，必须考虑竞争行为的道德和法律边界,避免因过度竞争而破坏市场秩序。通过践行"知止"的理念,企业可以在竞争中保持冷静和理性,采取合法合规的竞争手段,实现市场份额的合理增长。

责任与问责是"知止"与商业道德结合的重要体现。企业在追求经济利益的同时,必须履行社会责任,对环境保护、员工福利、社区发展等方面承担责任。"知止"的智慧帮助企业在决策过程中,充分考虑社会责任和可持续发展的重要性,避免因过度追求短期利润而忽视长期责任。例如,在制定环保政策时,"知止"理念可以引导企业采取科学合理的环保措施,减少对环境的负面影响,实现经济效益与社会效益的协调发展。

"知止"与尊重利益相关者也密不可分。商业道德要求企业尊重所有利益相关者的权利和利益,包括客户、员工、供应商、股东和社区。"知止"的智慧提醒企业在经营活动中,必须平衡各方利益,避免因片面追求某一方利益而损害其他利益相关者的权益。通过"知止"的理念,企业可以在与利益相关者的互动中保持理性和冷静,采取公平和公正的措施,构建和谐的商业关系。

创新与可持续发展是"知止"与商业道德的重要结合点。企业在追求技术创新和市场突破的过程中,必须考虑创新的社会影响和可持续性。"知止"的智慧帮助企业在创新过程中,保持对社会责任和环境保护的关注,避免因过度创新而引发社会问题和环境危害。例如,在新产品开发中,"知止"理念可以引导企业采用环保材料和绿色技术,减少资源消耗和环境污染,实现创新与可持续发展的平衡。

"知止"与合作共赢的理念相契合。商业道德提倡合作共赢,要求企业在市场竞争中,不仅关注自身利益,还要兼顾合作伙伴和社会的利益。"知止"的智慧帮助企业在竞争和合作中保持冷静和理性，避免因过度竞争而损害合作关系。通过"知止"的理念，企业可以在商业合作中采取互利共赢的策略，实现资源共享和共同发展。例如，在供应链管理中，"知止"理念可以引导企业与供应商建立长期稳定的合作关系，共同提高产品质量和市场竞争力。

"知止"与商业道德的结合，还体现在企业文化的建设和领导力的培养上。企业文化是商业道德的重要载体，通过"知止"的理念，企业可以在内部建立诚信、责任、公平和创新的文化氛围。企业领导者作为文化的引导者和践行者，需要在日常管理和决策中，身体力行地践行"知止"和商业道德的原则，成为员工的榜样。例如，通过定期的培训和教育，企业可以增强员工对"知止"和商业道德的理解和认同，提升企业整体的道德水平和管理能力。

在实际经营中，"知止"与商业道德的结合还需要通过具体的制度和机制来实现。企业可以通过建立健全的内部控制和合规管理体系，确保各项经营活动符合"知止"和商业道德的要求。例如，通过设立道德委员会或合规部门，企业可以对经营活动进行监督和指导，及时发现并纠正不符合道德标准的行为。同时，企业还可以通过制定和发布行为准则或道德规范，明确企业和员工在经营活动中的道德要求和行为准则。

"知止"与商业道德的结合，还可以通过企业的社会责任活动来体现。企业在履行社会责任的过程中，可以将"知止"的理念融入各项活动中，通过实际行动展示企业的道德水平和社会责任。例如，通过参与环保公益活动，企业可以展示其在环境保护方面的承诺和行动；通过支持社区发展和慈善活动，企业可以体现其对社会的关怀和贡献。这些社会责任活动不仅有助于提升企业的社会形象和品牌价值，还能增强员工的归属感和社会认同。

总之,"知止"与商业道德的结合是企业在现代商业环境中实现可持续发展和赢得社会信任的重要路径。

商战中的道德困境

在商业竞争中，企业常常面临各种道德困境。这些困境不仅考验企业的伦理决策能力，还影响企业的声誉和长期发展。道德困境往往涉及利益冲突、伦理挑战和法律风险，处理不当可能导致严重的负面后果。以下是几种商战中典型的道德困境，我们将探讨如何在这些困境中做出符合商业伦理的决策。

企业在市场扩展中常常面临道德困境。面对这种困境，企业应诚信和守法，通过合法合规的方式解决问题，虽然短期内可能面临一些挑战，但从长远来看，有助于维护企业的品牌形象和市场信誉。

供应链管理中的道德困境也是企业常见的挑战。企业在选择供应商和合作伙伴时，可能会发现一些供应商存在不符合道德标准的行为，如使用童工、环境污染等。这些问题不仅影响供应链的稳定性和可持续性，还可能引发社会舆论的强烈反应，损害企业的声誉。面对这种困境，企业应严格审查供应链，选择符合伦理标准的供应商，并通过合作推动供应链的改进和优化。

数据隐私和信息安全也是现代企业面临的重要道德困境。随着数字化和信息化的发展，企业掌握了大量客户和员工的个人信息。这些信息的保护和使用涉及重大伦理问题。例如，一些企业可能会面临是否将客户数据用于商业目的的抉择，尽管这种做法可能带来短期经济利益，但可能侵犯客户的隐私权，导致信任危机和法律诉讼。面对这种困境，企业应遵循数据保护法和隐私政策，确保信息的安全和合法使用，保护客户和员工的隐私权，建立透明的信息管理体系。

企业在产品和服务的市场推广中也常常遇到道德困境。为了吸引消费者，一些企业可能会夸大产品的功效，甚至发布虚假广告。这种行为不仅违反商业道德，还可能导致消费者的信任流失和法律制裁。面对这种困境，企业应坚持诚实宣传，通过真实可靠的信息向消费者传递产品价值，树立负责任的品牌形象。

另外，企业在面对竞争压力时，可能会面临是否采取不正当竞争手段的道德困境。例如，一些企业可能会通过诋毁竞争对手、窃取商业机密或垄断市场来获取竞争优势。这些行为虽然可能带来短期的市场优势，但从长远来看，会破坏市场公平，损害企业的声誉和长期利益。面对这种困境，企业应坚持公平竞争原则，通过合法合规的手段提升自身竞争力，营造健康的市场环境。例如，微软公司在早期曾因不正当竞争行为遭受法律诉讼，但通过调整策略，提高了产品功能和服务质量，最终赢得了市场的认可和尊重。

环境保护也是企业在商业竞争中面临的重要道德困境。为了降低成本和提升利润，一些企业可能会忽视环境保护责任，采取污染环境的生产方式。这种行为不仅违反商业道德，还会带来环境破坏和社会负面评价。面对这种困境，企业应坚持可持续发展理念，通过环保技术和绿色管理，减少对环境的负面影响，实现经济效益和环境效益的平衡。例如，宜家公司在产品设计和生产过程中注重环保，通过使用可再生材料和减少碳排放，树立了绿色企业的典范。

在企业内部管理中，处理员工关系也是常见的道德困境。企业在追求效率和利润的过程中，可能会遇到员工福利、劳动条件和职业发展等问题。例如，一些企业可能会在经济困难时期通过裁员来降低成本，虽然这种做法可能带来短期的经济效益，但会影响员工的士气和忠诚度，损害企业的内部文化和长期发展。面对这种困境，企业应关注员工的利益，通过合理的管理措施和沟通机制，维护员工的权益和福利，营造和谐的工作环境。例如，西南航空公司在经济困难时期通过员工共渡难关的方式，不仅保持了企业的稳定和团结，还增强了员工的归属感和忠诚度。

企业在处理客户关系时，也会遇到道德困境。企业为了提升销售和市场份额，可能会采取一些激进的营销策略，甚至诱导或误导消费者。例如，金融服务公司可能会通过复杂的合同条款和隐藏费用，诱导客户购买不必要的金融产品，虽然短期内会提升销售业绩，但会损害客户的利益和信任。面对这种困境，企业应坚持客户至上的原则，通过透明和负责任的营销方式，保障客户的知情权和选择权，建立长期稳定的客户关系。例如，美国银行在面临客户投诉和信任危机时，通过简化合同条款和提升服务透明度，恢复了客户的信任和满意度。

在社会责任方面，企业也会遇到道德困境。企业在追求经济利益的同时，可能会忽视对社会公益和社区发展的责任。例如，一些大型企业在全球扩展过程中可能会利用发展中国家低廉的劳动力和宽松的监管环境降低成本，但这种做法也损害了当地社区和工人的利益。面对这种困境，企业应坚持社会责任原则，通过公平和道德的方式开展业务，积极参与社会公益和社区发展，提升企业的社会形象和影响力。例如，联合利华公司通过可持续发展和社会责任战略，积极参与全球环保和社区发展项目，提升了企业的社会形象和市场认可度。

总之，商战中的道德困境是企业在竞争中无法回避的重要挑战。企业在面对这些困境时，必须坚持商业道德原则，通过科学合理的决策，平衡经济利益与社会责任，实现可持续发展。通过深入理解和应用"知止"的智慧，企业可以在复杂多变的市场环境中保持冷静和理性，避免因道德失误而引发负面后果。

"知止"策略在伦理中的应用

通过将"知止"策略应用于商业伦理,企业可以在复杂的市场环境中做出符合道德标准的决策,维护自身的声誉和可持续发展的能力。以下是"知止"策略在伦理中的具体应用案例和实践方法。

"知止"与企业诚信

诚信是商业伦理的基石,而"知止"策略在维护企业诚信方面发挥着重要作用。企业在经营活动中经常面临诱惑,可能通过虚假宣传、夸大产品功能等不道德手段获取短期利益。然而,"知止"策略提醒企业在追求利润的同时,必须保持诚实和透明,避免因一时之利而损害企业的长远声誉。通过坚持"知止"策略,企业可以确保信息的真实和准确,从而赢得客户和公众的信任。例如,谷歌公司通过严格的广告审核机制,确保广告内容的真实性和透明度,获得了用户和广告商的信任。

"知止"与公平竞争

在市场竞争中，企业往往会遇到是否采用不正当竞争手段的道德困境。"知止"策略帮助企业在这种情况下保持理性，避免采取诋毁竞争对手、窃取商业机密等不道德行为。通过坚持公平竞争，企业不仅能营造健康的市场环境，还能提升自身的品牌形象和市场地位。例如，英特尔公司在面对竞争对手时，专注于提升自身的技术和产品质量，而不是通过不正当手段打压对手，从而在市场中赢得了长期的竞争优势。

"知止"与社会责任

企业在追求经济利益的同时，必须承担相应的社会责任，包括环境保护、员工福利和社区发展等。"知止"策略提醒企业在制定战略和决策时，遵循国际社会提倡的 esg 战略，即环境、社会、伦理及腐败问题管理。例如，品牌 Patagonia 在其商业实践中，坚持环境保护和可持续发展，通过使用环保材料和可再生能源，减少对环境的负面影响，树立了负责任的企业形象。

"知止"与供应链管理

供应链管理中的道德困境常常涉及选择供应商时发现其存在不符合道德标准的行为。"知止"策略指导企业在这种情况下，坚持高标准的道德要求，通过严格的审查和监督，选择符合伦理标准的供应商。例如，宜家通过建立完善的供应链审计机制，确保其供应商在生产过程中遵守环保和劳工标准，从而维护了企业的社会责任和品牌声誉。

"知止"与数据隐私

在数字化时代，企业掌握了大量客户和员工的个人信息，如何保护这些数据成为首要问题。"知止"策略帮助企业在利用数据时，始终保持对客户和员工隐私的尊重，避免因滥用数据带来的信任危机。企业应遵循严格的数据保护法和隐私政策，通过透明的信息管理体系，确保数据的安全和合法使用。例如，苹果公司在其产品和服务中，始终坚持用户数据保护的原则，赢得了用户的信任和市场的认可。

"知止"与产品质量

企业在追求利润时，可能会面临降低成本而牺牲产品质量的诱惑。"知止"策略提醒企业在这种情况下，坚持高质量标准，避免因产品质量问题损害客户利益和企业声誉。通过坚持"知止"策略，企业可以确保产品的可靠性和安全性，赢得客户的信任和忠诚。例如，丰田汽车公司在其生产过程中，始终坚持严格的质量控制标准，确保每一辆汽车的高质量和安全性能，从而在全球市场中赢得了良好的声誉。

"知止"与员工关系

在内部管理中，企业处理员工关系时，常常面临平衡效率和员工福利的困境。"知止"策略帮助企业在这种情况下，尊重员工的权益，通过合理的管理措施和沟通机制，维护员工的福利和工作环境。例如，谷歌公司通过提供优越的工作环境和福利待遇，增强了员工的归属感，提高了员工的工作积极性，形成了强大的企业文化和团队凝聚力。

"知止"与市场推广

在市场推广中，企业可能会面临是否夸大产品功效或发布虚假广告的伦理挑战。"知止"策略指导企业在这种情况下，坚持真实和透明的宣传，通过诚实的市场推广赢得客户的信任。例如，宝洁公司的"舒肤佳、舒服家"品牌联合活动，与京东合作，通过大数据挖掘潜在消费者的真实需求，创造关联购物选择，为消费者营造可信的全新消费场景，不仅提升了品牌市场渗透率，还实现了用户、销量和市场占比的全方位增长。

"知止"与客户关系

在处理客户关系时，企业可能会面临如何平衡销售目标和客户利益的困境。"知止"策略帮助企业在这种情况下，坚持客户至上的原则，通过透明和负责任的营销方式，保障客户的知情权和选择权，建立长期稳定的客户关系。例如，美国银行在面临客户投诉和信任危机时，通过简化合同条款和提升服务透明度，恢复了客户的信任和满意度。

"知止"与伦理培训

最后，"知止"策略还可以通过企业伦理培训来推广和落实。企业可以通过定期的培训和教育，增强员工对"知止"和商业道德的理解和认同，提升企业整体的道德水平和管理能力。例如，德勤公司（Deloitte）通过开展全面的伦理培训计划，帮助员工理解和践行企业的伦理规范，确保在各种商业行为中都能保持高标准的道德操守。

总之，"知止"策略在商业伦理中的应用，不仅有助于企业在面对各种道德困境时做出符合伦理标准的决策，还能提升企业的社会形象和品牌价值。